RUDOLF SEITZ

Zeichnen und Malen mit Kindern

Vom Kritzelalter bis zum 8. Lebensjahr

DON BOSCO

Die Deutsche Bibliothek – CIP-Einheitsaufnahme

Seitz, Rudolf:
Zeichnen und Malen mit Kindern : vom Kritzelalter
bis zum 8. Lebensjahr / Rudolf Seitz
– 7. Aufl. – München : Don Bosco, 1995
   ISBN 3-7698-0383-3

7. Auflage 1995 / ISBN 3-7698-0383-3
© by Don Bosco Verlag, München
Fotos: Elke Bolster (1), Volkmar Dinkel (6), Wolfgang Hertel (2)
Alle übrigen Aufnahmen stammen vom Autor.
Gesamtherstellung: Echter Würzburg,
                    Fränkische Gesellschaftsdruckerei und Verlag GmbH

Inhalt

Vorwort

Dieses Buch wendet sich an Erzieherinnen und an Lehrer der ersten beiden Grundschulklassen, die sich für die Bildsprache der Kinder interessieren. Ich halte dieses Thema für so wichtig, daß ich natürlich hoffe, daß alle Erwachsenen, die in irgendeiner Weise pädagogisch mit Kindern zwischen drei und acht Jahren zu tun haben oder haben werden, dem Zeichnen und Malen der Kinder genügend Bedeutung zumessen. Ich wende mich deshalb auch an die Studierenden an Fachakademien, Fachhochschulen, Pädagogischen Hochschulen und Erziehungswissenschaftlichen Seminaren der Universitäten, soweit sie später mit Kindern dieser Altersstufe arbeiten werden.

Entstanden ist dieses Buch ursprünglich (1968) als Antwort auf die vielen Fragen interessierter Eltern, die ihre Kinder besser verstehen und sie entsprechend fördern wollten. Sie sind nach wie vor diejenigen, die für ihr Kind die Weichen stellen, seine Interessen und sein Sozialverhalten wesentlich bestimmen. Ich hoffe, daß ihnen das vorliegende Buch bei dieser Aufgabe helfen kann.

Von der ersten Ausgabe als Pappband und dem später über lange Zeit verlegten Taschenbuch finden sich hier nur noch Textpassagen. Der Inhalt wurde ergänzt und stark überarbeitet. Völlig neu ist der umfangreiche Bildteil, der – zusammen mit den Bildlegenden – Anregungen gibt, selbst Kinderzeichnungen zu lesen, zu interpretieren und zu fördern. Wer das Zeichnen und Malen mit Kindern nicht isoliert sehen möchte, sondern im Rahmen einer gesamten ästhetischen Elementarerziehung, dem sei das im gleichen Verlag erschienene Buch: „Kunst in der Kniebeuge – Anregungen, Beispiele, Überlegungen" empfohlen. Die beiden Bände ergänzen sich.

Die Kinder sind in ihrer Bildsprache uns Erwachsenen überlegen. Sie sind den Dingen näher, da sie von ihrem Wesen ausgehen und nicht von ihrem Aussehen. Wir können vieles von ihnen lernen, wenn wir den Standpunkt aufgeben, daß die Kindheit nur einen Durchgang bedeutet, um endlich erwachsen zu werden. Wir alle leben immer nur jetzt, auch die Kinder. Nur gelingt es ihnen besser, damit Ernst zu machen.

Ich danke deshalb vor allem den vielen Kindern, die in den letzten zwölf Jahren mit mir zusammengearbeitet haben. Es waren für mich sehr schöne Stunden. Der Dank gilt natürlich auch ihren Eltern, die immer Verständnis zeigten und mich unterstützten. Bedanken möchte ich mich auch bei den vielen Erzieherinnen und Lehrern für ihre Berichte und Hinweise.

Besonders dankbar erwähnen möchte ich Elke Bolster, in deren Kindergruppe im städtischen Kindergarten an der Kemptener Straße in München ich seit Jahren zu Hause bin. Sehr viele Aufnahmen dieses Buches stammen aus meiner dortigen Arbeit. Ohne sie wären viele Aktionen und Untersuchungen gar nicht möglich gewesen. Danken möchte ich auch Wolfgang Löscher, dem Direktor der Kindertagesstätten der Stadt München, der mich freundschaftlich unterstützte und viele Anregungen gab.

Meiner Mitarbeiterin Claudia Taller danke ich für die Schreibarbeiten sehr herzlich.

Nicht zuletzt bedanke ich mich bei meiner Frau für die nicht ermüdende Geduld, ihr Interesse und Verständnis für meine Arbeit mit den Kindern.

In der Quell'n bei Bad Tölz

Rudolf Seitz

Vom Sinn des Zeichnens und Malens mit Kindern

Eine Einführung

Alltägliche Geschichten

Ein kleines Kind hat einen Kreidestein gefunden, man kann mit ihm schreiben und zeichnen. Er hinterläßt eine schöne rötliche Spur. Nach den ersten Versuchen auf dem Randstein wird nun auf dem Asphalt ein großes Bildnis gezeichnet, mit langen Haaren, vielen Knöpfen und dünnen Fingern. Der Bürgersteig in voller Breite wird zum Bildträger. Bald kann der „Kunstbetrachter" seine Gartentüre nur mehr erreichen, wenn er – zum Unwillen des kleinen Künstlers – mitten durch das Großraumgemälde schreitet ...
Oder: Eben war im Kinderzimmer noch sprudelndes Leben. Es wurde gelacht, gesungen, geschrien. Plötzlich Stille. Unheilschwangere Ruhe.
Die Mutter – nichts Gutes ahnend – eilt die Treppe hinauf und erlebt, wie die Kinder einmütig und völlig konzentriert an die Wand zeichnen. Weil zu wenig Platz war, kritzelt das kleinste auf die Türe. Es fühlt sich im Augenblick gestört.
Die Kinder hatten die Schachtel mit den Kreiden entdeckt ...

„Narrenhände beschmieren Tisch und Wände?"

Man könnte die Anekdoten von malenden Kindern beliebig fortsetzen. Nicht alle werden so dramatisch wie diese beiden. Man könnte erzählen von der kleinen Helene, die jede freie Minute malt und zeichnet, in deren Blättern sich alles spiegelt, was sie erlebt, oder von der Ursula, vom kleinen Stefan oder vom Thomas, deren liebstes Spielzeug Farben und Papierblock sind.

Überall auf der Welt gibt es die Helene, die Ursula, den Stefan und den Thomas, die ihren Blättern ihre Welt anvertrauen. Überall leuchten die Kinderaugen, wenn auf dem Geburtstagstisch ein neuer Farbkasten liegt und viel Papier oder wenn der Papa an die Wand des Kinderzimmers eine schöne große Tafel montiert.

Ein Urtrieb

Es ist ein Urtrieb, der hier sichtbar wird. Das Bedürfnis, sich nicht nur in Worten auszudrücken, sondern auch in Bildern, in sichtbaren und bleibenden Spuren des inneren Erlebens. Wie sich beim Kind die Sprache erst ausbildet und die Sprachwelt langsam entsteht, so wächst mit der Entwicklung eine eigene Bildwelt. In kindgemäßen Zeichen dokumentiert sich die Welt. Der Wandel dieser Zeichen zeugt von einem sich ändernden Verhältnis des Kindes zur Umgebung. Von der Entwicklung dieser Bildwelt wird in einem der nächsten Kapitel die Rede sein. Hier soll nur angedeutet werden, warum Zeichnen und Malen für die Kinder von so großer Bedeutung ist.

Die Bedeutung der ersten Lebensjahre

Kein Jahrhundert hat sich so ausführlich mit dem Kind beschäftigt wie das unsere. Schon seit einigen Jahrzehnten hat die psychologische Forschung bewiesen, wie außerordentlich entscheidend die ersten Lebensjahre für das gesamte weitere Leben des Menschen

Ellen Key ruft 1901 schon man Jahrhundert des kindes aus.

sind. Die Umgebung eines Kleinkindes trägt die Verantwortung dafür, ob aus ihm ein aufgeschlossener und sozial veranlagter Mensch wird, ob die vorhandenen Begabungen entsprechend entwickelt und ausgenützt werden können.

Es ist erschütternd zu lesen, wie sich die Kinder entwickeln, die in einer gestörten Umwelt aufwachsen. Wenn die Eltern keine Zeit für ihre Kinder haben und ihnen nicht die Liebe schenken, die die kleinen Erdenbürger so dringend brauchen. Viele Erwachsene, die unter Kontaktarmut, Depressionen und Komplexen leiden, verbrachten eine Kindheit, in der sie sich nicht frei entwickeln konnten und nicht entsprechend gefördert wurden. So ist es verständlich, daß sich viele aufgeschlossene Eltern und Forscher der Frage nach der richtigen Kindererziehung im Vorschulalter zuwandten. Die Ergebnisse dieser Forschungen waren häufig verblüffend. Man konnte sehen, daß man viele Kinder weit unter ihrem Niveau behandelte, weil man ihre Äußerungen falsch interpretierte und sie von der Warte der Erwachsenen aus korrigierte. Vor allem auch, weil man ihnen viel zu wenig zutraute. Unter dem Motto: ,,Sie halten Ihr Kind künstlich dumm" entstand eine Vorschulbewegung, die Anfang der siebziger Jahre sehr hitzig verlief und auch manche Fehlentwicklungen einleitete. U. a. meinte man, den Kindern wirklich helfen zu können, indem man einzelne Fächer der Schule in eine sog. Vorschule vorverlegte und Kindern fast stundenplanmäßigen Unterricht anbot. Die Langzeituntersuchungen zeigten, daß das keine wirklichen Erfolge brachte, sondern daß im Gegenteil der Leistungsstreß, unter dem wir Erwachsene und auch die Schüler so sehr stöhnen, jetzt auch noch in die Zeit vor der Schule hineingezogen wurde. Die Szene sieht heute wesentlich gelassener aus. Man versucht wieder kindgemäß zu arbeiten, sinnenhaft Erlebnisse zu ermöglichen, das Kind in seiner vollen Breite zu fördern und zu entwickeln. Man weiß heute auch, daß man dem Kind helfen muß, seine Fähigkeiten und

seine Bereitschaft zu erhalten, die Welt zu erfahren und zu verstehen. Das dürfte nicht zuletzt auch eine der wichtigsten Aufgaben der Grundschule sein, das offene, neugierige, spielerische, Experimenten zugetane Verhalten des Kindes weiter aufzubauen, die eigene Initiative des Kindes zu steigern und sein Selbstvertrauen und die Fähigkeit zu fördern, sich im weitesten Sinne zu äußern, mit anderen zusammen zu denken und zu handeln.

Wortsprache und Wahrnehmung

Die Mama sagt zur kleinen Judit: ,,Schau, das Dach ist rot, dein Pulli ist rot, und der Saft ist rot!" Das Kind lernt ,,rot" zu benennen. Dabei ist dieses Rot eigentlich eine unverantwortlich globale Zusammenfassung von vielen Nuancen einer Farbe. Diese Nuancen kann Judit – so belehrt – freilich noch nicht unterscheiden. Sie faßt zusammen. Viel besser wäre es, die Mama würde sagen: ,,Das Dach ist ziegelrot. Ist dein Pulli ähnlich? Nein, er ist dunkel, er ist rotbraun" usw. Über den differenzierteren Wortschatz – ziegelrot, weinrot, blutrot, rostrot, erdbeerrot usw. – lernt Judit auch sehr sensibel zu unterscheiden. In der Fachsprache heißt das: Sie sammelt differenzierte Informationen.

Es ist geradezu frappierend zu sehen, wie sehr Kinder zu registrieren und zu beobachten vermögen, wenn die Eltern und Erzieher ihnen umsichtig die ,,Augen geöffnet haben".

Vorstellungskraft und Phantasie

Wer etwas zeichnen will, muß es sich vorher vorstellen können. Um sich etwas vorstellen zu können, muß ich vorher vieles wissen. Ein Kind, das – um beim Beispiel zu bleiben – nur *einen* Begriff für „Grün" hat, wird notgedrungen in seiner Bildsprache sehr einfach bleiben. Es hat – so sagt man dann – weniger Phantasie als andere Kinder. Zeichnen und Malen sind Möglichkeiten für das Kind, kreatives Verhalten zu zeigen und zu trainieren. Alle Forschungen beweisen, wie wichtig für Kreativität ein differenzierter Informationsspeicher ist, d. h., wie wichtig direkte Erfahrungen sind.

Das bedeutet für uns Erzieher, daß wir unseren Kindern ständig bei der Wahrnehmung helfen müssen, *auch* wenn wir sie zu intensiverem Zeichnen und Malen bringen wollen. Die Neugierhaltung ist dabei ebenso wichtig wie die Anregung, das Wahrgenommene zu sagen, zu zeichnen, zu singen, zu tanzen ... – eben sich auszudrücken.

Eigentlich müßte man sagen: „Ich sehe, was ich sehen will." Bei uns Erwachsenen sind die Sinne träge geworden. Ob das bei unseren Kindern auch so sein wird, hängt im Grunde von uns ab. Die Vorstellung ist also die Voraussetzung für das Zeichnen und Malen der Kinder.

Das Kind wird sich beim Zeichnen klar über das Wesen, also darüber, wie und was ein Ding ist. Es zeichnet nicht aus der Anschauung, sondern aus der Vorstellung, und es zeichnet die Wesensgestalt. Diese wird in sich richtig und möglichst klar wiedergegeben. Dazu ist es notwendig, daß sich das Kind darüber klar wird, was ihm das Ding bedeutet. Jeder einzelne Strich setzt diese Klärung voraus.

Der kleine Bub, der ein Haus zeichnet, muß sich sagen: „Das wird das Dach, es ist schief. Daran sitzt der Kamin, hier ist ein Fenster, und hier ist noch eines. Da sitzt die Türe, sie hat eine Klinke. Von hier aus steigt die Treppe an." Jeder einzelne Gegenstand zeugt in der Zeichnung vom Suchen nach einer Gestaltform.

Im Bereich der Sprache bleibt die Vorstellung viel allgemeiner. Wenn das Kind „Türe" sagt, wird nicht deutlich, was das für eine Türe ist, in welchem Verhältnis sie zum Haus steht usw.

Das Verhältnis zur Umgebung

Das zeichnende Kind wählt aus seiner Umgebung die Dinge aus, die ihm wesentlich erscheinen. Sie erhalten auch die ihnen gemäße Größe. Um die meist sehr große eigene Person fliegen riesige Schmetterlinge und Vögel. Spielzeug und technische Geräte sind häufig überdimensioniert gegenüber dem Haus, dem Baum. Auch unter mehreren Personen lassen Größe und Reichhaltigkeit der Darstellung klar die „Rangordnung" erkennen.

Der Erzieher erfährt aus der Zeichnung die wahre Welt des Kindes. Sie läßt sich daraus ablesen wie aus einem Buch.

Innere Konflikte werden sichtbar und oft abreagiert

Der kleine Hansi zeichnet sich und seine Familie beim Spaziergang. Papa und Mama und der kleine Bruder Walter gehen vorne, weit hinten er selbst.

Als er wegen des Abstands vorsichtig befragt wird, sagt er: „Die mögen den Walter viel lieber; mich mögen sie gar nicht!"

Ein anderes Kind zeichnet ständig ein eigenartiges Ungetüm. Es taucht immer wieder auf. Schließlich stellt die Kindergärtnerin fest, daß die Eltern das Kind auf einem Jahrmarkt gedankenlos in eine Geisterbahn gesetzt haben. Die vielen schlimmen Gestalten hatten das Kind verschreckt und waren nicht verarbeitet worden. Nun sucht sich das Kind von seinen Alpträumen in der Zeichnung zu distanzieren. Es wählt für sich die richtige Therapie.

Aufmerksame Eltern und Kindergärtnerinnen entnehmen oft den Zeichnungen ihrer Kinder Konfliktsituationen; ein wichtiger und häufiger Ausgangspunkt für ein entsprechendes Verhalten der Erzieher.

11

Das Selbstvertrauen steigert sich

Ein Kind, das viel zeichnet, wird eindrucksempfindlicher. In seinen Zeichnungen lernt es, die Dinge zu verstehen und einzuordnen. Es bekommt Sicherheit in seiner Darstellungsweise und vermag durch das Zeichnen die Dinge festzuhalten und zu fixieren. Von der äußeren Sicherheit der Gestaltung findet es zur inneren. Es gewinnt Selbstvertrauen, es findet zu sich und beruhigt sich zugleich. Es vertraut dem Papier seine Probleme an und stellt sie damit aus sich heraus. Das Kind gewöhnt sich an selbständiges Tun.

Es war bislang noch gar nicht die Rede von der Freude und dem Spaß an dieser Art von Beschäftigung. Manche Kinder brauchen einen Anstoß von außen, andere Kinder wollen von selbst zeichnen und malen. Wer Kinder dabei beobachtet, wird immer wieder feststellen, wie konzentriert sie arbeiten und aufs Blatt zu bringen versuchen, was sie sich selbst zur Aufgabe gestellt haben. Dabei lernen die Kinder ganz nebenbei, sich etwas vorzunehmen und es auch selbständig durchzuführen.

Über den Arbeitsimpuls und die Förderung des Kindes vor und während der Arbeit wird in einem eigenen Abschnitt noch die Rede sein.

Die Bewegungsführung wird kontrollierter

Wir sahen vorhin, daß sich beim Malen das Sehen ausbildet. Ebenso wichtig ist für das Darstellen aber auch, daß beim Kind der Bewegungsvorgang – in diesem Fall vor allem des Armes und der Hand bzw. der Finger – so weit unter Kontrolle steht, daß er dem Gestaltungswillen gehorcht. Viele Erwachsene hätten nicht „lauter Daumen", wenn sie schon als Kleinkinder in dieser Weise im Umgang mit den Materialien geschult worden wären.

Der kleine Axel, der voller Staunen feststellt, daß der Stift auf dem Blatt eine Spur hinterläßt, macht nicht nur diese eine Erfahrung. Während er in wirren Knäueln diesem Erlebnis nachgeht, bilden sich seine Muskeln aus. Sie gehorchen ihm im Laufe der Zeit willentlicher, und wenn sein Kritzeln zum Zickzack übergeht, hat er den Stift schon viel bewußter in der Hand. So steigert sich die Fähigkeit zur Darstellung physisch und psychisch.

Grundlegung

Es ist wohl selbstverständlich, daß das Kind alle bislang aufgezählten Fähigkeiten, die man durch Zeichnen und Malen erwerben kann, spielerisch, sozusagen „nebenbei" erwirbt. Die Tätigkeit ist das Wesentliche. Hierbei werden die Erfahrungen gewonnen. Ein vernünftiger Erzieher wird deshalb die fertigen Arbeitsergebnisse richtig einschätzen. Sie geben ihm Auskunft über das Kind. Es sind in sich konsequente Zeugnisse über die kindliche Welt. Ihre Ordnung und Liebenswürdigkeit werden den Erwachsenen veranlassen, sie zu sammeln und auch zu lieben – wie man eben auch die Kinder gerne hat. Trotz allem sollte man die Arbeiten in sich selbst aber nicht überbewerten.

Kinder-Kunst?

Zugegeben, viele kindliche Gestaltungen erinnern an Kunstwerke archaischer primitiver Völker, gelegentlich auch an Werke moderner Kunst. Man sollte sich jedoch davor hüten, aus einer vordergründigen Ähnlichkeit auf ein gleiches Wesen zu schließen. Jede Kunst hat den Willen zur Form. Des Künstlers Form steht innerhalb einer Kulturtradition oder gegen sie. Sie ist abhängig von einer Zeit und entwickelt sich.

Die bildnerischen Gestaltungen der Kinder hingegen dienen der Auseinandersetzung mit der Umwelt. Die kindlichen Zeichen bedeuten Inhalt, nicht Formung im Sinne des Künstlerischen.

Man sollte deshalb nicht vorschnell von „Kinderkunst" sprechen.

Damit soll die Leistung der Kinder in keiner Weise geschmälert werden. Sie ist – in ihrem Bereich verstanden – großartig und beglückend.

Sonderbegabung im Zeichnen und Malen?

Nein, normalerweise nicht. Natürlich gibt es Kinder, die wahre Berge von Zeichnungen und Malereien produzieren und deren Blätter viel reichhaltiger gestaltet sind als die der Gleichaltrigen. Man neigt in einem solchen Fall gerne dazu zu sagen: „Das Kind ist so begabt. Es wird später sicher ein Künstler werden!"

Untersuchungen über die Kinderzeichnungen von großen Künstlern zeigen, daß diese vielfach tatsächlich Arbeiten von ungewöhnlicher Qualität schufen.

Trotzdem ist es nicht möglich, mit Sicherheit die Sonderbegabung bei einem Kind dieses Alters vorherzusagen. Eine derartige Frühdiagnose ist durch nichts fundiert. Erst nach der Pubertät ist eine spezifische Begabung ohne Zweifel festzustellen.

Die richtige Behandlung wäre die, daß man jedes Kind, das gerne zeichnet und malt, als Sonderbegabung behandelt, d. h., daß man ihm die äußeren Voraussetzungen gewährt, die für eine gute Entwicklung notwendig sind.

Die „Milchzähne"

Verstehen wir das Zeichnen und Malen der Kinder in sich selbst! Freuen wir uns darüber, wenn das Kind Fortschritte in seiner körperlichen und geistigen Entwicklung macht! Der Stift und der Pinsel werden ihm helfen, sich seine eigene Welt zu erobern und Erfahrungen zu sammeln für eine Welt, in die es hineinwachsen soll.

Sehen wir das bildschöpferische Gestalten des Kindes als ein Vorfeld und eine Grundlage! Je reicher die bei einem Kind vorhandene Veranlagung ausgebildet wird, desto breiter läßt sich später darauf aufbauen – möglicherweise im Sinne des allgemein Schöpferischen und gar nicht in künstlerischer Richtung. Vielleicht aber auch in dieser. Die Chancen bleiben in jedem Fall offen.

Grözinger spricht in seinem Buch „Kinder kritzeln, zeichnen, malen" bildhaft von den „Milchzähnen, die wir auch pflegen, obwohl sie nicht bleiben, weil sie ein gesundes Gebiß vorbereiten, weil sie Platzhalter eines dauernden sind". Für uns Erwachsene entsteht in den Kinderzeichnungen das Bild einer Welt, in der wir nicht mehr leben und die wir nicht mehr leben können, nach der wir uns aber sehnen. Wir haben unsere Freude daran.

Zitat: Grözinger

Warum zeichnen Kinder eigentlich so, wie sie zeichnen?

Der kleine Sebastian hat zu Weihnachten dicke Filzstifte und einen Block bekommen. Er ist ganz begeistert davon. Jede freie Minute zeichnet er mit seinen neuen Stiften. Seite um Seite entstehen temperamentvolle Kritzeleien auf den Blättern. Plötzlich hält er ein Blatt hoch, deutet auf sein Produkt und sagt: ,,Das ist die Mama." Die Mama hat sich schon viel mit Kinderzeichnungen beschäftigt, sie freut sich über die Zeichnung. Der kleine Sebastian spürt das auch. Er zeichnet emsig weiter, und so entsteht ein Blatt nach dem anderen – Dokumente über die Vorstellungen, Ideen, Wünsche, Bezüge und vielleicht auch Ängste des kleinen Buben.

Ist das nun eine Behauptung oder ist das wirklich so? Wir konnten bei Sebastian größte Begeisterung und Konzentration, Intensität und Hingabe an seine Arbeit beobachten. Das Ergebnis ist nichts als eine Kritzelei. Nichts läßt vermuten, wieso Sebastian sein Produkt ,,Mama" nennt. Keine äußerliche Ähnlichkeit, auch nicht die Zufälligkeit einer bestimmten Linienführung läßt die Vermutung aufkommen, als habe diese Kritzelei etwas mit dem genannten Thema zu tun. Was steckt da eigentlich dahinter? Ist das nicht nur ein Tummelplatz für die Erwachsenenphantasie, eine Möglichkeit, eigene Vorstellungen und Vorurteile hineinzuprojizieren und sie dann wieder herauszulesen? Warum zeichnen Kinder eigentlich so, wie sie zeichnen?

Erst seit etwa 100 Jahren beschäftigt sich die Forschung mit der Bildsprache der Kinder. Vorher finden sich nur einige wenige Hinweise auf die Zeichnungen der Kinder. Das hat sehr verschiedene Gründe. Einer davon ist sicherlich, daß das Malmaterial sehr teuer war und man es nicht ohne weiteres Kindern im gleichen Umfang zur Verfügung stellen konnte, wie man das heute tut. Die anderen Möglichkeiten der Kinder, sich bildhaft zu äußern: z. B. mit einem Stab im Sand, mit Kieselsteinen, die aneinander gereiht werden usw., wurden nicht beachtet und die wenigen entstandenen Zeichnungen der Kinder kaum gesammelt. Lange Zeit sah man die bildnerischen Äußerungen der Kinder als eine Vorstufe der Bildsprache des Erwachsenen an. Aufgrund der noch großen motorischen Ungeschicklichkeit und des Unvermögens, die Umgebung ,,richtig" zu beobachten und zu verstehen, entstanden eben Zeichnungen, die dem sprachlichen Stammeln näher waren als einer verständlichen Äußerung.

Aber auch die ersten großen Untersuchungen zum Thema Bildsprache der Kinder waren nicht frei von Mißverständnissen. Oft waren die Ausgangsposition des Forschers, seine eigene Kunstauffassung und seine Weltanschauung ausschlaggebend für die Interpretation der Zeichnungen. Ein Interpret, der in der

1 Kritzelstufe

Mit viel Schwung zeichnet das etwa dreijährige Kind links Kreisbahnen, im Inneren dieser ,,Arena" sind es sogar Schwünge in Form einer 8. Das bedeutet eine sehr komplizierte Bewegungsänderung. Daß das Kind seine Bewegungen schon sehr gut beherrscht, zeigt die Zickzackspur rechts neben den Schwüngen. Es ist ein dichtes Bündel, für das eine andere Farbe gewählt wurde. Großzügig hat das Kind schließlich mit einem dicken Filzstift einige Linien über die ganze Kritzelei gezogen und einen Punkt angebracht.

15

Kunstauffassung den Naturalismus, also die Naturnähe bevorzugte, sah die kindlichen Bildäußerungen anders als einer, der dem Expressionismus den Vorzug gab. Hartnäckig hielt sich lange Zeit die Auffassung, in der Entwicklung der kindlichen Bildäußerung von den ersten Kritzelanfängen bis zur Naturnähe des Halbwüchsigen spiegle sich die Kulturgeschichte als Ganzes wider. Von der Archaik bis zur Weltaufgeschlossenheit des Renaissancemenschen sei in den verschiedenen Entwicklungsstadien des Kindes und Jugendlichen die jeweils spezifische Sicht der Welt wiederzufinden. So wie der Embryo in seinem Wachstum verschiedene Stufen aus der Entwicklung der Geschichte des Lebens überhaupt durchlaufe, so setze sich diese Entwicklung nach der Geburt kulturell bis zur Pubertät fort. Diese Theorie wurde von manchen Anhängern noch nach 1945 vertreten.

Es ist aber auch heute noch nicht ganz einfach, eine befriedigende Antwort auf unsere Frage zu bekommen, warum Kinder eben so zeichnen, wie sie zeichnen. Ein wichtiges Buch in diesem Zusammenhang stammt von Hans Günther Richter: „Anfang und Entwicklung der zeichnerischen Symbolik". Er stellte die verschiedenen Theorien zusammen und verglich sie kritisch miteinander. Das Buch ist eine Fundgrube für jeden, der sich mit Kinderzeichnungen eingehender (wissenschaftlich) beschäftigen möchte, setzt allerdings Grundkenntnisse voraus. Einige dieser Theorien wollen wir ganz kurz darstellen.

Eine Gruppe von Forschern geht davon aus, daß im menschlichen Bewußtsein eine Polarität angelegt ist. Einem begrifflichen Pol steht demnach ein bildlicher gegenüber. Der eine äußert sich im Medium der Sprache, der andere bildhaft symbolisch. Zwischen beiden besteht ein enger Zusammenhang. Die Erfahrungen des Kindes mit seiner Umwelt führen zu Bewußtsein, zu Begriffen, zu Vorstellungen, werden sprachlich gefaßt und geäußert und führen in einer Symbolsprache zum Bild. Dabei benützt das Kind zwar allgemeine stilistische Mittel, um sich auszudrücken, findet aber sehr früh schon zu einer Individualität, so daß die Kinderzeichnung in einem Spannungsfeld zwischen einer Verwirklichung der eigenen Person und einer über das Bewußtsein gefilterten Annäherung an die Wirklichkeit liegt.

Das Kind benützt also eine Symbolsprache, es setzt Sinnzeichen für das, was es von seiner Umgebung weiß, was es dort erfahren hat und vermutet. Es übersetzt die Wirklichkeit, es kopiert sie nicht. Das Kind zeichnet von den Gegenständen, die es meint, das, was es von ihnen weiß und was ihm an ihnen wesentlich und wichtig erscheint.

Eine andere Gruppe von Theoretikern der Kinderzeichnung geht davon aus, daß das Kind, anders als der Erwachsene, sich selbst noch nicht als im Gegensatz zu seiner Umgebung stehend empfindet und daß es in seinen Zeichnungen aus diesem Gefühl der Ganzheit heraus Wesenhaftes der Dinge vermittelt. Das führt zu einer Bildsprache, die allgemein ist, zwar

2 Kritzelstufe

2.1: Der Junge (3/6) hat hier sehr bewußte grafische Spuren gesetzt. Gegen die konzentriert gezogenen langen Linien – gegenläufig am oberen Blattrand – stehen die Zickzacklinien in unterschiedlicher Dichte. Sie sind wohl auch mit verschieden großer Geschwindigkeit gezeichnet.

2.2: Daß derartige Kritzeleien auch mit anderen Malmaterialien möglich sind, zeigt dieses Blatt. Der gut zweijährige Junge malt mit Pinsel und Wasserfarben. Sorgfältig wählt er verschiedene Farben aus, zieht seine Linien im Zickzack.

schematisch, aber sehr stark vergleichbar, und darin ist wohl auch der Grund zu suchen, warum viele Kinderzeichnungen sich so ähnlich sehen.

Einen anderen Akzent setzen verschiedene Psychologen, die sich mit der Kinderzeichnung beschäftigt haben. Nach ihnen spiegelt sich einerseits Seelisches in der Zeichnung, die für sie eine sichtbar gewordene Ausdrucksbewegung ist; wie sich in der Schrift Individualität ablesen läßt, findet sich der Ausdruck der Person in den Zeichnungen. Andererseits werden in den bildnerischen Äußerungen der Kinder Grundbilder der Phantasie sichtbar, Bilder, die wir in unserer Tiefenzone in uns tragen und die über die Zeichnung entwickelt werden. Auf dem Weg vom „Selbst zum Ich" verdeutlichen die Bilder verschiedene Stufen.

Josef Eichmaier und Oskar Höfer gehen von einer interessanten Behauptung aus. Nach ihrer These sind in jedem Menschen bestimmte Bildmuster angeboren und angelegt. Durch eine komplizierte Versuchsanordnung gelang es ihnen, solche Bildmuster sichtbar zu machen. Sie nennen sie „endogene Bildmuster". Die hier sichtbar gemachten Bildmuster der Erwachsenen entsprechen dem stilistischen Bildrepertoire, das Kinder bei der Addition und Zusammensetzung ihrer Zeichnungen benützen. Wenn man diese Theorie etwas weiterführt, heißt das, daß das Kind seine Erfahrungen mit der Umwelt verarbeitet, zu Vorstellungen abklärt, die es zunächst mit dem angeborenen Zeichenrepertoire verwirklicht. Mit zunehmendem Alter übernimmt das Kind mehr und mehr realitätsbezogene Formen, bis es schließlich als etwa Zwölfjähriges versucht, in seiner Zeichnung die Wirklichkeit nachzuahmen.

Der Weg des zeichnenden Kindes – und darin sind sich alle, sonst noch so verschiedenen Forscher einig – führt von einem Realismus, der aus der Vorstellung kommt, zu einem Realismus, der von der Beobachtung bestimmt ist, also von einem „intellektuellen" zu einem „visuellen Realismus" (Widlöcher).

Wer sich eingehender mit den Theorien zum Ursprung der Kinderzeichnung beschäftigen möchte, sei auf die Bibliographie im Anhang dieses Buches verwiesen. Wir wollen uns jetzt konkreter den stilistischen Merkmalen der Kinderzeichnung zuwenden.

3 Eine Form entsteht (Eisenbahn)

Diese sechs Blätter sind von einem Jungen im Zeitraum eines knappen Jahres gezeichnet worden (3/5–4/5). Er wohnte in der Nähe einer Bahnlinie. Sein erster Eindruck von den vorbeibrausenden Zügen dürfte auf dem Foto unten wiedergegeben sein: Tempo, Drehen, Rattern. Dieses schnelle Vorbeiziehen läßt sich gut auf den Blättern 1 und 2 ablesen. Auf dem Blatt 2 kommt noch ein neues Motiv dazu. Links unten liegen kurze Striche übereinander. Sie bedeuten die Treppenstufen. Dieses Hinaufsteigen auf die hohen Stufen hat den kleinen Christian besonders beeindruckt. Auf Blatt 3 wird das Rotieren der Räder deutlich – zugleich mit dem Vorüberbrausen. Blatt 4 zeigt das Sich-Drehen als Einzelmotiv, eine Linie in Rot steht für die Geschwindigkeit; auch die Treppe ist wieder da. Auf Blatt 5 hat sich der Junge mit einem roten Stift links, oben und rechts einen neuen Zeichenraum geschaffen. In der linken oberen Ecke sitzt ein Gebilde, das als Sonne gedeutet werden könnte. Zu den bisherigen Motiven „Treppe" und „Fahren" ist die „Fahrspur", also die Wegstrecke, neu hinzugekommen. Auf Blatt 6 kennen wir die meisten Zeichen schon: „Räder", „Treppe". Das Gesamtgebilde bedeutet jetzt aber schon Waggon.

Akzent # vers. Psychologen
- Seelisches in der Zeichnung
→ Vergleich zur Schrift

- Grundbilder der Phantasie,
  Bilder unses Tieftone

Josef Eichmaier, Oskar Höfer
   endogene Bildmuster

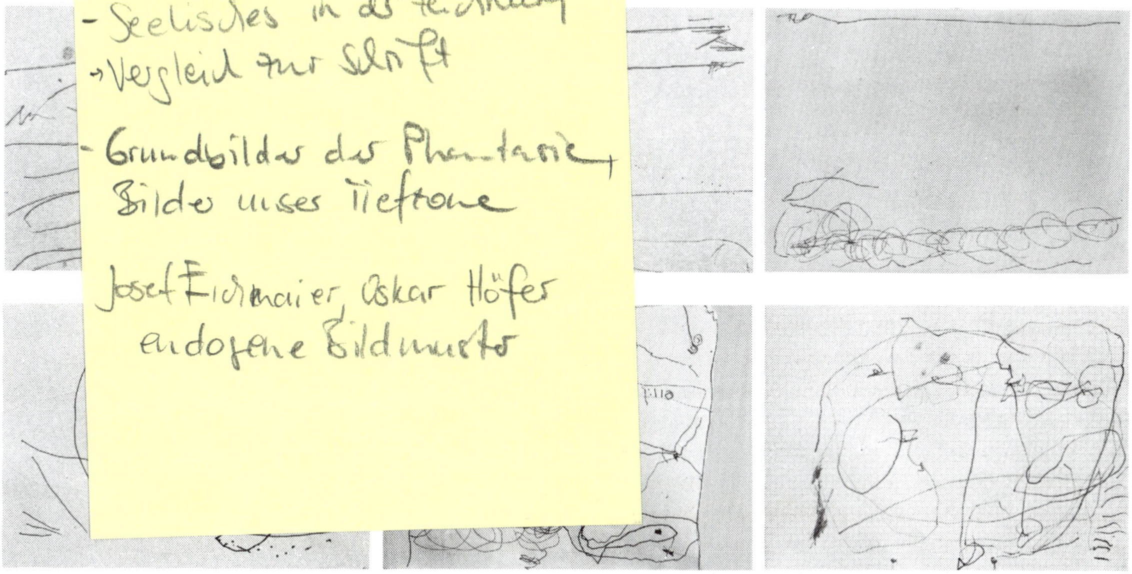

Das kindliche Gestalten

Die Entwicklungsstufen

Auf dem eben beschriebenen Wege durchläuft das Kind eine Reihe von Stufen. Man spricht von Entwicklungsstufen bildnerischen Gestaltens. Das bedeutet nichts anderes, als daß die Kinder in verschiedenen Phasen bestimmte bildnerische Ordnungen verwenden, die ihre Zeichnungen ablesbar machen für den Erwachsenen und auch vergleichbarer. Das Ganze ist ein Modell. Es bedeutet nicht, daß alle Kinder diese Entwicklungsstufen in der gleichen Weise durchlaufen. Es scheint aber tatsächlich so zu sein, daß die meisten Kinder sie in ähnlicher Form durchlaufen und offensichtlich alle Kinder der Erde in vergleichbaren zivilisatorischen Zonen. Schon wenn man die Sgraffiti, also die vielen Zeichnungen und Malereien an Hauswänden, Bretterzäunen, auf Straßen und Trottoirs, miteinander vergleicht, wird das deutlich. Die nun folgende Aufzählung dieser Entwicklungsstufen meint auch nicht, daß das Kind jede Entwicklungsstufe einmal tangieren wird. Manche Kinder überspringen eine Stufe, manche Stufen dauern länger, andere kürzer, es läßt sich auch keine fest mit einem ganz bestimmten Alter verbinden.

Ich sage das besonders deutlich deshalb, weil manche Eltern unruhig werden, wenn ihr Kind mit drei Jahren noch keinen Kopffüßler zeichnet oder mit vier immer noch.

Die Altersangaben bei den abgebildeten Zeichnungen sind also relativ zu sehen. Kinder, mit denen viel gezeichnet wird oder die in Familien aufwachsen, in denen Geschwister da sind, sind oft „schneller dran", andere „holen nach".

Am allerwichtigsten scheint mir die Feststellung zu sein, daß diese Entwicklung keine Entfaltung vom Schlechteren zum Besseren ist, vom Unausgegorenen zum Geklärten. Es ist also keine Qualitätsleiter, sondern jedes Kind drückt sich in seinem jeweiligen Stadium angemessen aus, d. h. jedes Blatt ist in sich zu betrachten und zu werten, soweit das überhaupt nötig ist. Diese Entwicklungsreihe bedeutet also nichts anderes, als daß das Kind einen neuen Bewußtseinsstand erreicht hat, auf dem es nun versucht, dafür Sinnzeichen zu setzen und seine Welt und sein Umweltverständnis bildhaft zu machen.

4 Erste Formen

So schälen sich aus den Kritzeleien Formen heraus, deren Bedeutung wir nur ahnen können, wenn wir während des Entstehens nicht dabei waren. Nicht immer wissen wir so genau über die Hintergründe Bescheid wie bei Christian. Hier sind vier Blätter, die ein Mädchen (zwischen 2/6 und 3/2) gemalt hat. Auf jedem Blatt ist der Formwille deutlich. Auf Blatt 1 sitzt links ein Fleck, der fast rechteckig durch Punkte begrenzt ist, rechts ist ein Oval – innen durch Striche ausgemalt – ebenfalls durch Punkte umgeben. Auf Blatt 2 findet sich eine Form, die entfernt an manche Fleckmalereien erinnert, zwischen Punkten und kurzen Strichen. Blatt 3 bringt lapidar zwei senkrechte Linien, umgeben von Punkten, die wie rhythmische Töne wirken. Auf Blatt 4 schließlich wachsen längliche, ovale Gebilde aus zwei Flecken heraus. Unten befinden sich wiederum Punkte. Alle vier Blätter meinen etwas Bestimmtes. Sind es Situationen oder Objekte?

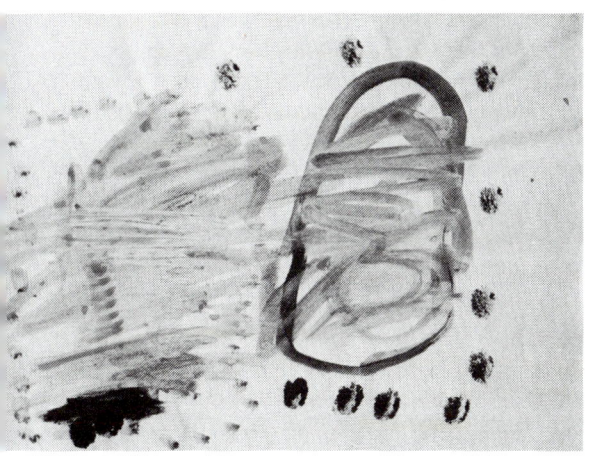
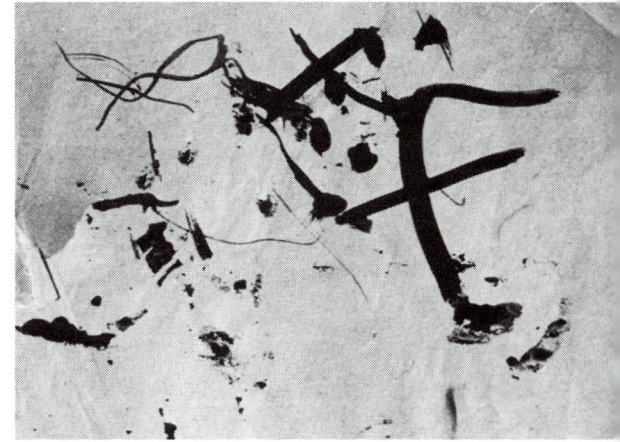
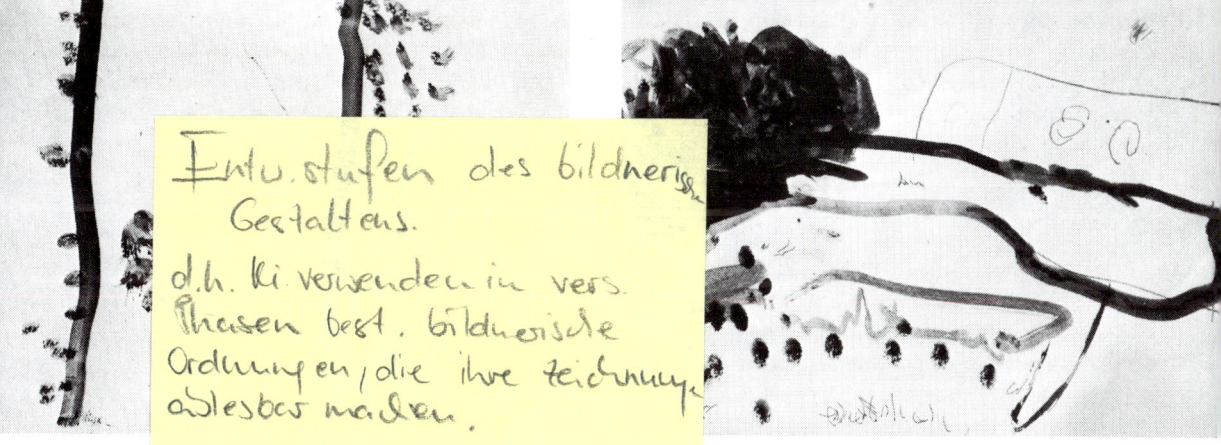

Entw. stufen des bildnerisch.
Gestaltens.

d.h. Ki. verwenden in vers.
Phasen best. bildnerische
Ordnungen, die ihre zeichnunge
ablesbar machen.

Die Darstellung dieser Entwicklungsstufen soll also eine Hilfe sein, die Zeichnung in sich besser zu verstehen und vielleicht manche Gründe zu erkennen, warum Kinder so zeichnen.

Das dreijährige Kind

Unten vor dem Haus spielen ein paar Kinder. Sie sind zwei und drei Jahre alt. Plötzlich ein großes Geschrei. Die umliegenden Fenster öffnen sich, neugierige und auch ängstliche Mamas erleben ein Schauspiel. Die kleine Renate hat einen Ziegelbrocken gefunden und mit ihm gespielt. Und während sie alle möglichen Bewegungen machte, entdeckte sie, daß dieser Ziegelbrocken auf dem Asphalt und auf dem Pfosten der Gartentüre eine Spur hinterläßt, wenn man draufdrückt. Es ist eine echte „Bewegungsspur". Mit großem Vergnügen, Gequietsche und Lustgeheul zeichnet Renate nun Kritzeleien auf die Straße und auf den Pfosten.

Das Kritzeln

Alle Eltern haben das eines Tages erlebt. Wenn sie Glück hatten, entdeckte das Kind diese Bewegungsspuren mit einem Stift auf Papier. Aber allein der Besuch bei meinen Freunden mit kleinen Kindern zeigt, daß das nicht immer der Fall ist. Die Wände sind vollgezeichnet, Türen und Schränke mit Kritzeleien überzogen. Sie hatten eben kein „Glück". Jedenfalls ist es ein Warnsignal, daß die Kinder jetzt allerschnellstens sehr viel Mal- und Zeichenmaterial brauchen. Man nennt diese Phase „Kritzelstufe". Das Kind erprobt seine neue technische Entdeckung bis an die Grenzen des Materials. Aus dem ganzen Arm heraus bringt es Schwünge auf das Papier, die aussehen wie wirre Knäuel. Es ist noch eine grobmotorische Bewegung

aus dem Schultergelenk heraus. Sie ist lustbetont und wird meist mit entsprechenden Geräuschen begleitet. Es sieht so aus, als ob die Kinder umrühren würden; man spricht vom „Schwungkritzeln". Der Stift wird aber auch mit voller Wucht auf das Papier geschlagen; es bleiben Punkte, Löcher, „Fahrer". Das Kind untersucht die Möglichkeiten des Stiftes. Es haut auf das Papier (Hiebkritzeln).

Es gibt Kinder, die sehr lange und sehr intensiv kritzeln. Die so abreagierte Bewegungsfreude trainiert das Kind. Mehr und mehr „gehorcht" die Spur dem eigenen Willen. Wie die Babysprache, das Lallen und Formen von Lauten, wichtig ist für die Ausbildung der Stimme als Grundlage der Sprache, so können Eltern und Erzieherinnen das Kritzeln der Kinder nicht ernst genug nehmen. Die Feinmotorik des Kindes wird trainiert als Möglichkeit, um damit später eine eigene Bildvorstellung zu realisieren. Während des Kritzelns verändert sich der Bewegungsvorgang. Das Drehmoment des Armes wandert vom Oberarm in den Ellenbogen.

5   Erste Formen für Auto, Fenster

Immer deutlicher wird auch für uns das Gemeinte ablesbar. Die vier Arbeiten stammen von drei- bis dreieinhalbjährigen Kindern. Die Blätter 1 und 2 sollen Autos darstellen. Während links noch Räder und eine Karosserieandeutung nebeneinanderliegen, sind die beiden Räder rechts unter einem Dach; rechts ist sogar noch der Auspuff angedeutet. Die beiden unteren Blätter sind inhaltlich sehr ähnlich. Was Petra (rechts) mit dem Pinsel gemalt hat, zeichnet ein venezianisches Kind mit Kreide an eine Hauswand.

Schwünge aus dem Arm heraus, → wirre Knäuel; grobmotorische Bewegung aus dem Schultergelenk

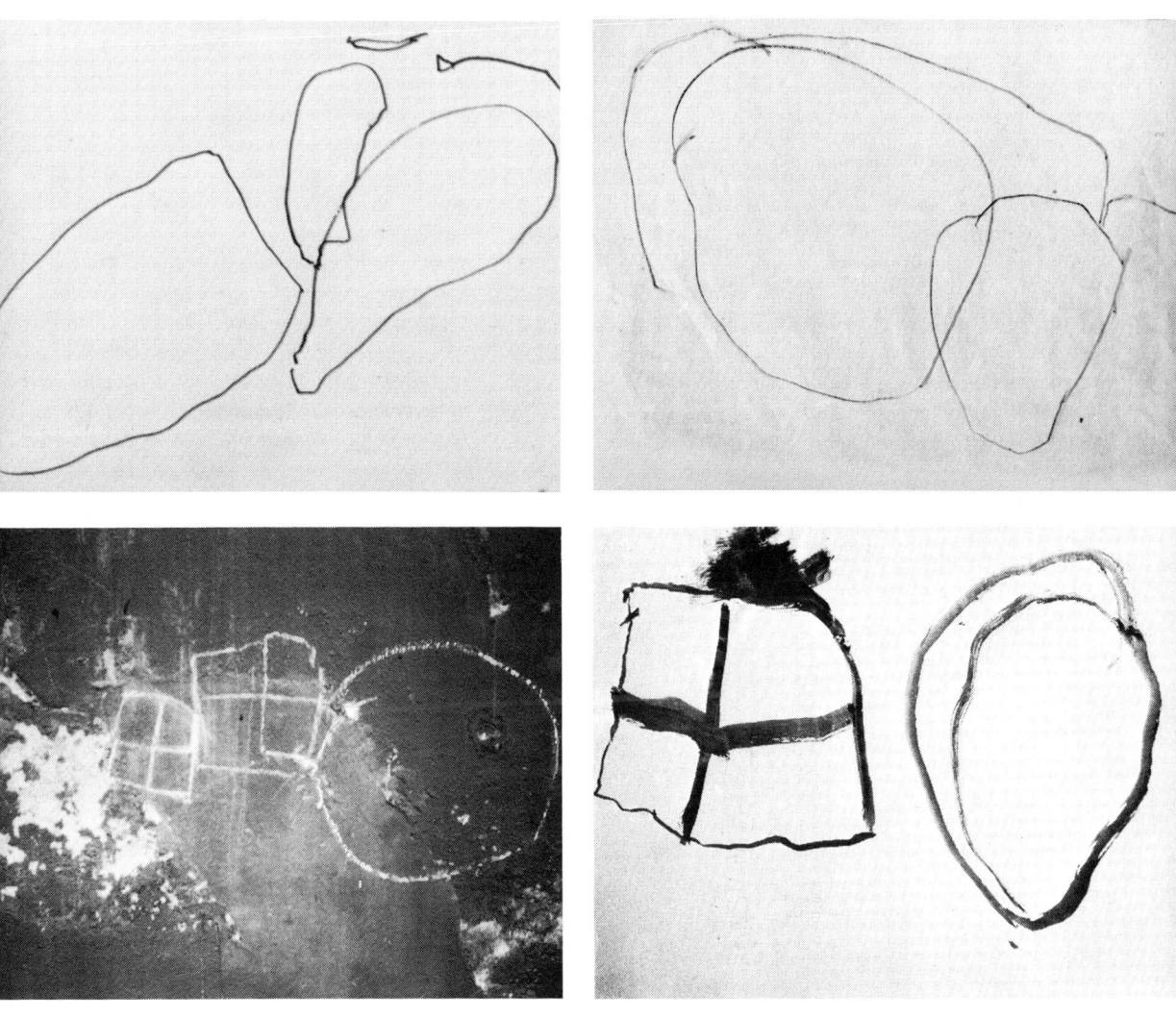

Die Linien sind nicht mehr so schwunghaft wie zu Beginn des Kritzelns; man spürt jetzt das Bemühen, in bestimmten Bewegungsabläufen zu bleiben. Eine Bewegung wird begonnen, gegenläufig zurückgeführt usw., es entsteht ein „Zickzackkritzeln", das deutlich den eigenen Willen verrät, gerade *diese* Bewegung auszuführen. Oft fällt diese Kritzelstufe mit dem Trotzalter zusammen, also dem ersten Versuch, sich selbst willentlich durchzusetzen.

Aus den Kombinationen von Schwungkritzeln, Hiebkritzeln und Zickzackkritzeln können große, temperamentvolle, lyrische und poetische Blätter entstehen, Spiegel des Temperaments und Einsatzes unserer Kinder. Manchmal beobachten die Kinder auch die Erwachsenen beim Schreiben. Es muß für sie ein merkwürdiger Vorgang sein. Der Erwachsene hält einen Stift in der Hand und bedeckt Zeile um Zeile ein Blatt Papier. Manche Kinder versuchen das nachzuahmen. So entstehen Kinderbriefe, Briefe, in denen das Zickzackkritzeln zeilenförmig angeordnet ist. Es wäre schön, wenn wir sie lesen könnten, wenn wir erfahren könnten, was die Kinder hier alles hineingelegt haben. Ein solches Briefeschreiben ist übrigens nicht auf dieses Alter festgelegt; auch ältere Kinder schreiben noch in dieser Weise Mitteilungen, gelegentlich schon durchsetzt mit einzelnen Buchstaben.

vgl. Seitz, R. 1995, S. 22 ff

Sinnunterlegtes Kritzeln

Wir hörten vorhin schon von den Kritzeleien des kleinen Sebastian. Er hat sein Blatt mit unterschiedlichen Schwüngen bedeckt in verschiedenen Farben und sagt plötzlich: „Das ist die Mama." Rein äußerlich unterscheidet sich diese Kritzelei nicht von den anderen, aber nur rein äußerlich. In Wahrheit ist das Kind in eine ganz wichtige neue Phase getreten. Bisher zeigte das Kritzeln einen willkürlichen Bewegungsvorgang, irgendwie auf das Blatt gebracht, voll Temperament und Ausgelassenheit möglicherweise, aber ohne tiefere

Bedeutung. Nun hat das Kind Distanz zu seinem Produkt. Jetzt ist nicht mehr in erster Linie der Vorgang des Treibens oder Zeichnens mit dem Stift von Bedeutung, sondern das Endprodukt: Das Kind meint etwas. Warum es in diesem Augenblick „Mama" sagt, wissen wir nicht. Vielleicht, weil die Mama gerade in der Nähe ist und weil der Sebastian seine Mutter sehr gerne mag. Es kann auch andere Gründe haben. Es fällt ihm gerade etwas ein, und er sagt dann: „Das ist der Hund." Ich habe Tonbandaufzeichnungen von Gesprächen zwischen Müttern und ihren Kindern vor ähnlichen Zeichenprodukten, bei denen etwa die Mutter sagt: „Aber eben hast du doch gesagt, das ist ein Berg." „Ja, jetzt ist es eben ein Fisch."

Beim „sinnunterlegten Kritzeln" ist also zunächst die Benennung noch nicht ganz sicher festgelegt. Manchmal wird sie auch durch eine zufällig entstandene Linie oder die Gesamtform des Kritzelflecks provoziert („Das ist ein Hund"). Es wurden auch Kinder beobachtet, die in der Stufe des sinnunterlegten Kritzelns einen Bewegungsvorgang durch Linien sichtbar machen. So zeichnete ein Junge (3 Jahre) das „Wasser, wie es fließt": „Es fließt auf den Berg hinauf, es fließt runter, es fließt immer weiter und immer weiter und immer weiter ..." (und so Seite um Seite, bis der Block voll war). Ähnliches zeichnete ein anderes Kind

vgl. Seitz, R 1995, S. 24 ff

6 Erste Zeichen für Mensch

Die ersten, bewußt gesetzten Zeichen sind oft von eindringlicher Monumentalität. Dieser dreijährige Junge malte hier auf ein sehr großes Blatt (ca. 80 x 50 cm) ein Kreuz mit verdickten Enden über einem breiten roten Balken. Aus späteren Arbeiten des Kindes ist zu entnehmen, daß mit dem Kreuz ein erstes Zeichen für „Mensch" entsteht.

vom Flugzeug oder von einem Rennauto, oder es zeichnete eine Eisenbahn. Dabei wurden die Geräusche des Fliegens und Fahrens lautstark nachgeahmt, das Bremsen und das Anfahren, das Quietschen in der Kurve. Diese Art der Darstellung findet sich aber seltener, meist ist das Ding gemeint, das Flugzeug, die Eisenbahn oder das Auto.

Die ersten bildnerischen Formen

Wer die Kritzelblätter seiner Kinder sammelt und aufmerksam beobachtet, wird eines Tages entdecken, daß das Kind sich bemüht, isolierte Formen zu zeichnen. Es fällt ihm sehr schwer, weil die Feinmotorik seiner Hand dem Willen noch nicht ganz entspricht. Aber es tauchen als erstes meist Kreise auf. Sie wirken noch wie langgezogene Schläuche, Ovale und sind wacklig, aber man kann deutlich sehen, wie das Kind an einer Stelle begonnen hat, um eine Innenform herumzeichnet und mit dem Stift den Ausgangspunkt seiner Linie wieder sucht. Es ist ein Kreis entstanden. Kreis – geometrisch verstanden – ist eigentlich eine falsche Bezeichnung. Das Kind meint nicht den Kreis als Linie, sondern als Inhalt, als Gestalt. Es meint, in dieser Form ,,ist etwas drin". So finden sich auch schnell Namen wie ,,Rad", ,,Sonne", bald auch ,,Mann" oder ,,Hans". Der Kreis ist zur Wesensgestalt für etwas Gemeintes geworden.

Ich empfinde das Entstehen dieser ersten Bildformen als etwas sehr Aufregendes. Hier wird klar, das Kind möchte jetzt etwas sagen. Es möchte eine Sache benennen. Es möchte einer Vorstellung Gestalt verleihen.

Wie der ,,Kreis" entsteht auch bald das ,,Kreuz". Zwei lange gerade Striche, oft von Blattrand zu Blattrand gezogen, kreuzen sich. Das Kind nennt es verschieden, ,,Kreuz" oder auch ,,Baum". Eine Urform, an der das Aufstrebende des Stammes und das Wegstrebende der Äste deutlich wird. Es ist die ,,Trennung an

sich". Der rechte Winkel ist die größtmögliche Richtungsunterscheidung. Mit diesen beiden Zeichen kann das Kind schon erstaunlich viel formulieren: einmal ein Zeichen für ,,Inhalt", einmal ein Zeichen für ,,Trennung".

Für alle möglichen Dinge seiner Umgebung findet das Kind jetzt möglicherweise bereits daraus eine Form. Am interessantesten ist das erste Zeichen für den Menschen.

vgl. Seitz, R. 1995, S. 26

Der ,,Kopffüßler"

Dieser Ausdruck ist mit Sicherheit falsch, er umschreibt nur die Erscheinungsform. Tatsächlich sieht das neue Gebilde für den Menschen aus wie ein ,,Kopffüßler". Aus einem Kreis mit mehr oder weniger geordnetem Gekritzel wachsen rechts und links lange Striche heraus – die Arme –, und unten am Kreis sitzen die beiden Beine. Das Kind meint mit dem Kreis aber die Gesamtgestalt des Menschen. Das Gesicht der Eltern, der Freunde, Besucher ist das Lebendigste, was dem Kind begegnet. Es spricht, die Augen blicken es an, es beugt sich zu ihm herunter, in ihm verdichtet sich ein Großteil der Erfahrungen mit den anderen Men-

7 ,,Kopffüßler"

Im Kreis verdichtet sich für das Kind zunächst das, was ,,Inhalt" meint. Beim Menschen stehen davon noch die Arme und die Beine weg: der sog. ,,Kopffüßler". Dieses Mädchen (2/7) hat ihr Blatt beim Zeichnen mehrfach gedreht. Die eine Figur, deren Füße am oberen Blattrand stehen, hat sehr lange Haare; rechts daneben kommen aus dem Kopf lange Arme. Beim Kopf der Figur rechts unten sind schon Formen gezeichnet, die auf Augen etc. schließen lassen. Ganz eindeutig ist mit den Binnenformen bei der ausgeprägten Sonne rechts oben ,,Gesicht" gemeint.

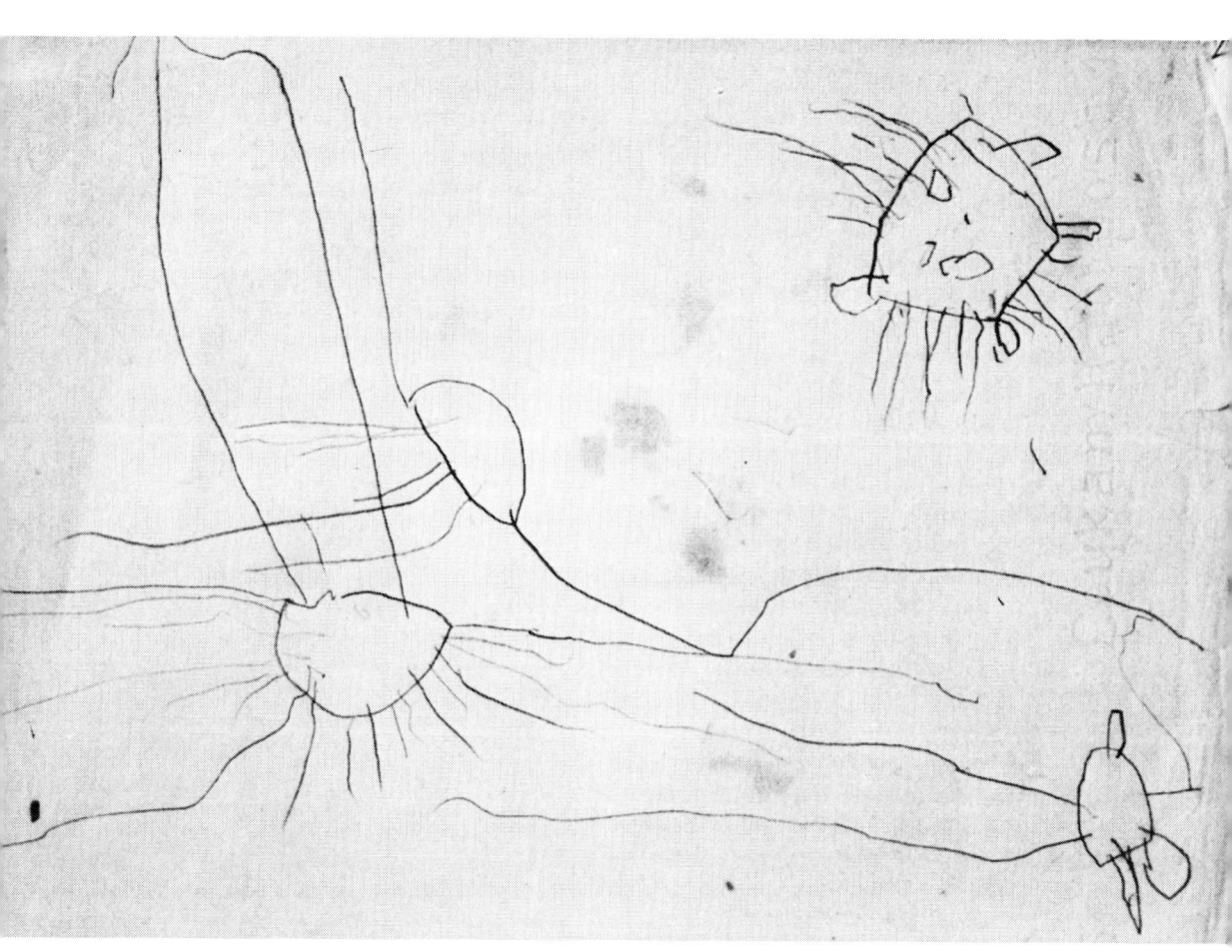

schen. Der Mensch kann aber laufen, er hat Beine; und er hat Arme, kann nach etwas greifen, kann etwas geben oder wegnehmen.

Vom „Kopffüßler" gibt es viele Übergangsformen und Abarten zu differenzierteren Gestaltungen. Oft sind Kopf und Beine zu einer Form verschmolzen, oder Arme und Beine sind in einer merkwürdigen Weise miteinander verbunden.

Je klarer dem Kind einzelne Funktionen des Gesichtes werden, desto deutlicher ordnet sich auch das „Gekritzel" in dem Kreis; es werden Gesichtszüge daraus: eine große Nase, Mund, Kreise für die Augen, Zickzacklinien für die Haare, selten für die Ohren.

Wenn das Kind sagen will: „Da ist noch etwas", dann setzt es ein Zickzackkritzeln oder eine kleine Kreiskritzelei an die Stelle. So können am Ende der Arme und der Beine Hände und Füße deutlich werden. Es bedeutet nichts anderes als: „Irgend etwas befindet sich da noch!" Erst nach und nach wird dem Kind klar: Von der Hand stehen Finger weg und vom Fuß Zehen. „Wegstehen" bedeutet: rechter Winkel. So kreuzt das Kind die Linien für Arme und Beine häufig mit Gegenlinien. Es sieht aus wie ein „halber Zaun".

Allmählich empfindet das Kind auch seinen Körper; es weiß, daß es einen Bauch hat. Er ist ihm bewußtgeworden. So finden wir in seiner Zeichnung plötzlich Lösungen, die dieses neue Bewußtsein verdeutlichen. Dabei gibt es manchmal amüsante Übergangslösungen. Zwischen den Beinen des Kopffüßlers taucht ein Punkt auf (der Nabel), oder auch viele Punkte (die Knöpfe), oder ein weiterer Kreis: Zwischen den Beinen hängt der Bauch.

Allmählich entsteht die Darstellung des „ganzen" Menschen. Manchmal zeichnen so schon dreijährige Kinder, häufiger sind es die vierjährigen. Mit dem jetzt vorhandenen Zeichenrepertoire kann das Kind schon erste Sinnzeichen entwickeln für Tiere und Pflanzen. Es sind einfachste Grundtypen, aber das Kind kann damit bereits „formulieren".

vgl. Seitz, R. 1955, S. 26 ff

Das Auto

„Auto" – ein großer Eindruck für die Kinder! Es ist ein kleines Haus mit Türen, Fenstern und Bänken; es fährt und macht einen furchtbaren Lärm; es kann hupen; aus dem Auspuff raucht es gewaltig. Ist es ein Wunder, daß es für viele Kinder das erste Wort ist, das sie aussprechen, oft noch vor Mama und Papa? Aus dem „Urkreis" findet sich die Formung für Auto. Beide Kreise nebeneinandergezeichnet – schon steht es da.

8 Übergänge vom Kopffüßler zum Männchen

Sobald den Kindern ihr Körper bewußt wird, finden sie Formen, mit denen sie das neue Bewußtsein ausdrücken können. Auf Blatt 1 geht das Kind mit seiner Mutter spazieren. Es selbst ist zweimal auf dem Blatt, einmal neben der Mama, von ihr mit einem ganz kurzen Arm geführt; daneben ganz klein, mit einem kleinen Oval (dem Bauch) zwischen den Beinen. Die Mutter ist von dem etwa vierjährigen Jungen prächtig gezeichnet. Die Haare und vor allem die Ohren sind unübersehbar, im Gesicht ist alles an Ort und Stelle. Die Beine sind zu einem weit ausladenden Körper geknickt. Mittendrin sitzt der Bauch und hierin wieder der Nabel. Ähnlich hat das Mädchen (2/6) auf Blatt 2 ihr neues Empfinden ausgedrückt. Vom Gesicht führen zwei parallele Striche zu den kreisförmigen Füßen; links und rechts stehen in der unteren Hälfte die Arme mit kreisrunden Händen weg. Zwischen den Beinen hängt – sackförmig – der Bauch. Der Nabel sitzt darunter. Ganz anders ist das Kind auf Blatt 3 vorgegangen. An dem „quietschvergnügten" Kopf münden die Beine, von denen gliedernd viele, viele „Zehen" wegstehen. Im oberen Viertel ist die Zwischenfläche einfach mit Farbe gefüllt; so entsteht der Leib. Das „Wegstehen" macht dem Kind offensichtlich so viel Spaß, daß die Haare sich (buchstabenförmig) verzweigen.

z. B. Laura : Bild der Fam.

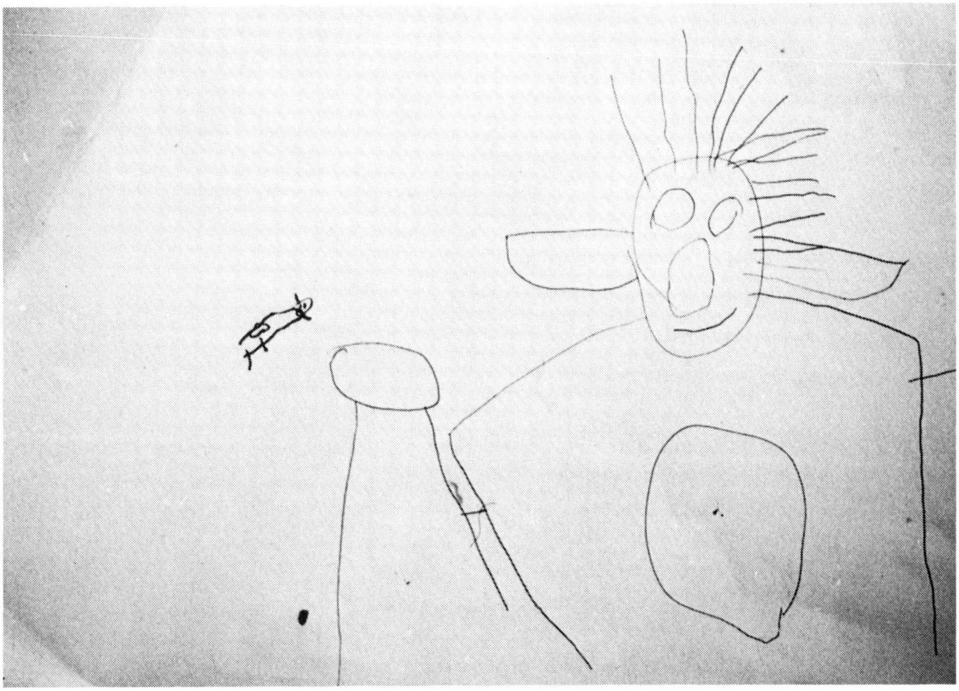

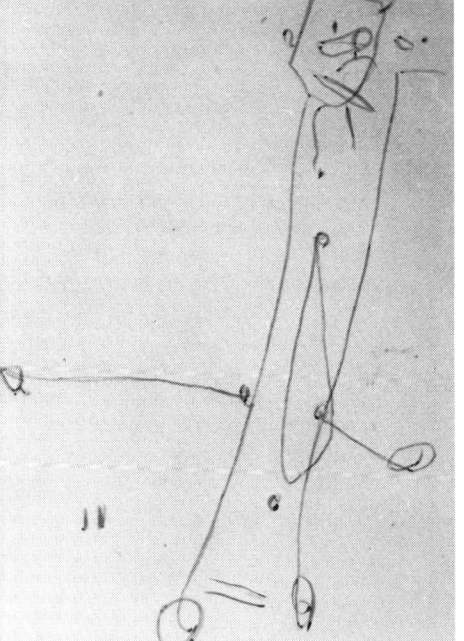

Es wurden Kinder beobachtet, die mit ausdauernder Begeisterung ein derartiges Auto neben das andere setzten: meist nur die zwei Räder als Urfunktion des Fahrens, manchmal durch einen hohen Bogen zusammengehalten – die Karosserie. Aus diesen einfachen Formen zeichnen die Kinder Dinge ihrer Umgebung, die sie besonders beeindrucken.

Das vierjährige Kind

Es ist erstaunlich, wie schnell ein Kind an zeichnerischer Sicherheit gewinnt und wie sicher es klare, geometrisch geordnete Gebilde anstrebt. Wir sprachen eingangs schon davon, wie wenig selbstverständlich es ist, daß die ersten Zeichen für unsere Welt diese stärkste Abstraktion aufweisen. Aber diese Tatsache beweist, daß das Kind nicht nach den Anschauungen gestaltet. Es benützt bildnerische Ordnungen. Das wird besonders eindringlich sichtbar, wenn es mit drei oder vier Jahren einen Baum zeichnet: Ein senkrechter Strich be-zeichnet den Stamm. Ihn kreuzen sorgsam parallel viele kurze Striche im rechten Winkel: die Äste. Hier wird ein Ordnungsprinzip der Kinderzeichnung deutlich. Das Kind versucht, Dinge, die voneinander abstehen, möglichst klar zu trennen. Im ersten gezeichneten Kreuz begegneten wir bereits dem rechten Winkel. Ihn verwendet das Kind überall, um Trennung zu verdeutlichen. So versteht sich die Darstellung des Baumes. Der Stamm, von dem die Äste wegstehen, im Ordnungsprinzip: Senkrechte und viele Waagerechte. Erst später stehen die Äste in einem anderen, natürlichen Winkel zum Stamm. *vgl. Seitz, R. 1985 S. 30*
So erklären sich auch viele eigentümliche Erscheinungsformen in den Kinderzeichnungen. Wir sahen bereits, wie beim Kopffüßler allmählich Hände und Füße dazukommen. Wie aus der Markierung der Stelle, an der „noch etwas los" ist, eine differenziertere

Zeichnung wird. Sobald dem Kind die Hand bewußt wird, sitzt präzise am Ende des „Armstriches" ein kammartiges Gebilde. Der Querstrich zum Arm bedeutet die Hand. Im rechten Winkel dazu, also parallel zum Arm, die Finger (zuerst viele, schließlich exakt fünf). Erst im Laufe der Zeit wird die Hand zum Handteller, einem Kreis, an dem radial die Finger sitzen. Diese Form tritt häufig erst im Schulalter auf. Mit der gleichen bildnerischen Logik zeichnet das Kind die Füße und auch alle anderen Dinge. Daraus erklärt sich, warum der Kamin bei Kindern oft „schief" auf dem Dach sitzt, warum der Schwanz des Eichhörnchens wie ein Baum aussieht. Wer dieses Ordnungsprinzip erkannt hat, staunt, wie raffiniert geradezu manche Kinder bildnerische Aufgaben lösen. Verblüffend ist jedenfalls die innere Konsequenz.

9 *Erste Szenen (Spaziergang, Im Sandkasten)*

Diese zwei etwa vierjährigen Kinder können mit den einfachen Symbolzeichen, die ihnen zu Gebote stehen, schon regelrechte Szenen schildern. Das Mädchen auf Blatt 1 geht durch eine schöne Blumenwiese. Es trägt ein rotes Kleid, verziert mit roten Punkten links und rechts. Es hat schwarze Haare und zwei Zöpfe, die am Ende zusammengebunden sind. Am Ende der Arme sind viele Finger sternförmig angebracht.
Das Kind auf Blatt 2 sitzt im Sandkasten. Es hat ihn auf der rechten Blatthälfte gezeichnet. „Nebeneinander" sind nun Bauch und Kopf, Beine und Arme und (das betonte das Kind, als es über seine Zeichnung sprach) ein Stock dargestellt. Links oben steht ein Dreirad. Wir sehen drei Räder und den Rahmenbau mit Lenkstange.

Der Mensch ist und bleibt auch das Hauptthema des vierjährigen Kindes. Aus dem „Kopffüßler" hat sich bald die Darstellung des ganzen Menschen entwickelt. Dabei bleibt die Form des Kreises für die Gestalt erhalten. Ein Kreis bezeichnet den Kopf, ein weiterer den Körper. Das Kind sagt „Bauch" und kennzeichnet häufig sehr genau den „Mittelpunkt". Vom Kopf weg stehen die Haare, vom Körper Arme und Beine. Ein Strich – der Hals – verbindet die beiden Kreise. Das Kind hat sich ein Schema für die Darstellung des Menschen entwickelt. Es zeichnet Mann und Frau, Buben und Mädchen gleich. Manche Kinder verwenden dieses Zeichen sehr lange. Wie man überhaupt ganz deutlich sagen muß, daß sich die Entwicklung der kindlichen Bildsprache häufig in Schüben vollzieht. Manche Eltern und Erzieherinnen werden schon ungeduldig und meinen, das Kind sei in seiner Entwicklung jetzt stehengeblieben, weil es so häufig die gleichen Zeichen wiederholt. Es ist eine wichtige Zeit, in der das Kind sicher wird in seiner Ausdrucksmöglichkeit. Durch ein äußeres Erlebnis, durch eine Anregung oder auch von selbst kann über Nacht eine ganz neue Phase eintreten. Wer die Entwicklung der kindlichen Bildsprache nicht als ein Vorwärtsschreiten betrachtet, sondern in sich würdigen kann, wird dabei sicherlich auch nicht ungeduldig werden, wenn das Kind bestimmte Sinnzeichen häufig und lange wiederholt.

Je klarer den Kindern aber wird, daß es unterschiedliche Geschlechter gibt und wodurch sie sich unterscheiden, desto mehr versuchen sie, männlich und weiblich, Vater, Mutter oder Kinder durch entsprechende Attribute zu kennzeichnen. Die Kinder sind hier sehr erfinderisch und müssen es auch sein, weil die Körperform der Gestalten vorerst gleich bleibt. Sie schaffen sich jetzt Sinnzeichen für das, was sie zeichnen wollen. Dabei zeigt sich noch ein anderes charakteristisches Ordnungsprinzip der Kinderzeichnung.

(handschriftliche Randnotiz: Sicherheit durch ...)

Viktor Lowenfeld hat einen sehr aufschlußreichen Versuch durchgeführt. Er ließ von gesunden und schwachsichtigen Kindern die gleichen Themen bearbeiten. Die kranken Kinder waren teilweise nahezu blind. Sie waren nur mit Mühe fähig, aus nächstem Abstand (etwa 4 cm) ihre eigenen Zeichnungen zu sehen. Eine optische Auseinandersetzung mit der Umwelt schied völlig aus. Die Kinder waren im Zoo. Für die schwachsichtigen Kinder war es unmöglich, sich ein optisches Bild von den Tieren zu machen. Sie wurden ihnen geschildert, sie hörten die Geräusche, sie nahmen die Gerüche wahr. Hinterher waren die Ergebnisse der gesunden und kranken Kinder fast gleich.

10 *Männlich – weiblich*

Mit zunehmendem Alter können die Kinder in ihren Zeichnungen immer genauer männlich und weiblich unterscheiden. Der ganze Stolz des Buben auf sein Selbstbildnis ist auf Blatt 1 sichtbar: „Das bin ich!"

Der vierjährige Junge auf Blatt 2 zeichnet sich mit dem Pinsel ganz einfach. Der Körper ist ein Trapez, unten stehen die Hosenbeine weg, in denen die Füße und Schuhe stecken. Rechts und links sind große Arme mit Handtellern und vielen Fingern angebracht.

Esther (5) zeichnet auf Blatt 3 ihr Kleid als großes, schön verziertes Dreieck. Diese Profildarstellung ist seltener – sie war wohl nötig wegen der Haarpracht und der Krone. Konsequenterweise sind jetzt beide Arme auf einer Seite. Sie tragen eine Blume.

Thomas (das S ist „verkehrt" geschrieben; das machen Kinder im Vorschulalter häufig bei einzelnen Buchstaben) hat sich schon als „Mannsbild" gezeichnet. Schließlich ist er sechs Jahre alt! Die Arme führen schon etwas nach unten. Daran wird ersichtlich, daß er das starke Schema allmählich verläßt und größere Naturnähe ansteuert (Blatt 4).

(handschriftliche Notiz: vgl. Seitz, R. 1995 S. 32)

ESTHER

THOMAS

Auch damit wurde der Beweis erbracht, wie stark die Kinder die Dinge vom Erleben her gestalten. Die Vorstellung, die hinterher zum Bild führt, muß also nicht über die optische Wahrnehmung entstehen. Daraus ergibt sich wohl auch die eigenwillige Proportionierung der Kinderzeichnungen. Alles Wichtige wird groß gezeichnet, das für das Kind Nebensächliche klein: Wenn ein Mann einen anderen fangen soll, erhält er lange Arme; läuft jemand davon, so sind seine Füße überlang ausgebildet. Die Kenntnis dieser Gestaltungseigenart der Kinder ist nötig, wenn man eine Zeichnung „richtig" verstehen will. So werden viele sonst unverständliche Details reizvoll erklärt. Zudem erfährt man über das Erleben des Kindes genauere Einzelheiten.

So durfte ein Kind, das einen sehr starken Katarrh hatte, sich selbst Tropfen in die Nasenlöcher träufeln. Das Ergebnis war in der nächsten Zeichnung sichtbar: Neben die großen kreisförmigen Augen traten ebensogroße Kreise, die Nasenlöcher. Sie waren ihm bewußt- und wichtig geworden. Es ist selbstverständlich für das Kind, daß es selbst so groß ist wie die Häuser und die Bäume; es ist eben wichtig. Andererseits konnte ich einmal auf Filmblättern eines Buben, auf denen er sich zusammen mit seinem Bruder zeichnete, feststellen, daß er immer viel kleiner als sein Bruder war, obwohl er in Wirklichkeit älter und größer war. Vorsichtige Nachfragen ergaben, daß die Eltern in einem falschen Erzieherverhalten den jüngeren Bruder so stark bevorzugt hatten, daß das Selbstwertgefühl des älteren Buben angeknackst war. Man sah es auf seiner Zeichnung. Es war fast zum Lachen, wie der Junge auf den Zeichnungen im Lauf des nächsten Jahres „wuchs", nachdem die Eltern ihr Verhalten geändert hatten.

Die Umgebung des Kindes

Wie für den Menschen, so findet das Kind jetzt Sinnzeichen auch für Tiere und Pflanzen, für Spielzeug, für das Haus, für Fahrzeuge usw. Es besitzt jetzt einen Formenkanon, aus dem es auch kompliziertere Dinge zusammensetzen kann; mit seiner Hilfe kann es geradezu analytisch zeichnen. Dabei ist es für die Erwachsenen spannend, zu beobachten, wie sich das Kind in seinem Bewußtsein mit seiner Umgebung auseinandersetzt. An Tierdarstellungen kann man besonders schön sehen, wie ihm Zusammenhänge klarer werden. Alle Tiere sind zunächst anthropomorph, sie werden menschlich gesehen und unterscheiden sich vom Menschen (der aufrecht steht) nur dadurch, daß sie sich in der Waagrechten befinden und viele Beine haben. Auch Vögel und sogar Fische haben anfangs viele Beine. Erst allmählich spezialisiert sich das Aussehen der Tiere. Das geschieht meist in dem Augenblick, in dem sich auch das Aussehen der menschlichen Gestalten differenziert. Die Tiere bekommen Schnäbel, Hörner, Ohren, Euter, Krallen, Flügel, Federn usw., wobei selbst beim Schulkind häufig noch das menschliche Gesicht erhalten bleibt.

11   Die Verzierung

11.1: Patrick ist sechs Jahre alt. Er ist selbstsicher und weiß, was er will. Seiner Zeichnung können wir das entnehmen. Selbstbewußt steht er mitten auf dem Blatt in einem mit Punkten und Streifen verzierten Gewand (er hatte vorher jugoslawische Trachten gesehen, die ihn sehr begeistert haben). Dazu kann ja nur noch die Sonne scheinen!

11.2: Das Mädchen ist sieben Jahre alt. Es verwendet noch ein ganz einfaches Schema für Frau: ein sehr hohes Trapez; unten außen sind die Schuhe; seitlich oben die Arme – nach unten gebogen mit Strichfingern –, aber welche Vielfalt in der Verzierung! Man sollte dieses schöne Muster einmal Zeile für Zeile lesen.

35

Das fünfjährige Kind

Situationsbilder

Schon das vierjährige Kind brachte die Zeichen auf seinem Blatt in Zusammenhang. „Baum und Vogel", „Mann und Auto" mochten die Themen lauten. Dieses Bestreben, Situationen in der Zeichnung zu schildern, setzt sich nun in verstärktem Maße fort. Mit erzählerischer Freude schildert das Kind Erlebnisse aus der Umgebung: die Feuerwehr, die eine Katze vom Dach holt; den Lumpi mit der gestohlenen Wurst; den Nachbarn beim Äpfelernten ... Alles, was an Besonderheiten sich ereignet, entsteht wieder auf dem Papier. Selbstverständlich wird gleichzeitig die Darstellung des Menschen in seiner Umgebung wesentlich detaillierter und ausgeprägter. Aus der menschlichen Grundfigur, die aus den beiden Kreisen und den Armen und Beinen gebildet wurde, werden Mann und Frau und Kind, nicht nur mit den Attributen, sondern mit eindeutiger Kleidung. Das Bestreben, in klaren geometrischen Formen zu gestalten, wird jetzt eher noch deutlicher. Die Kleider setzen sich aus Dreieck, Quadrat und Rechteck zusammen. Arme und Beine – anfangs noch Striche – werden zu langen schmalen Rechtecken. Bisher wurde der Mensch meist von vorne gezeichnet. In den Situationsbildern zeigen sich die ersten Profilansichten. Der Übergang fällt den Kindern sehr schwer, weil sie ja nicht nach der Beobach-

12   Tiere

Wie für den Menschen, findet und erfindet das Kind Sinnzeichen für alle Dinge und Zusammenhänge – gemäß seiner Vorstellung.

12.1: Der vierjährige Junge hat ein Eichhörnchen gezeichnet. Er erzählt: „Da ist der Bauch, da geht der lange Schwanz weg. Und da ist der Kopf mit Haaren drauf. Und da (darunter) sind die Arme und da (wieder darunter) hält es eine Nuß. Da ist ein Baum. Da klettert das ‚Eichkatzl' rauf." Die Schwierigkeit, die sich ergeben hätte, wenn das Eichhörnchen die Nuß „richtig" gehalten hätte, hat das Kind raffiniert umgangen.

12.2: „Ich reite auf einem Pferd." Dieser kurze Ausritt hat den etwa fünfjährigen Jungen sehr beeindruckt. Das Pferd hat sechs Beine, die Kniegelenke sind eigens betont (durch Punkte). Der Bauch des Pferdes hängt als Kreis zwischen den Beinen. Ein fast naturalistischer Pferdekopf mit Mähne bildet das Ende der Linie vom Schwanz zum Rücken, auf dem der Junge mehr steht, als sitzt.

12.3: Uli ist vier Jahre alt. Er hat das „Drachenbuch" von Walter Schmögner kennengelernt. Es hat ihm sehr gut gefallen. Nun zeichnet er zwei Drachen – feuerspeiend – mit den Beinen gegeneinander. Sie sind festgebunden, damit nichts passieren kann. Auch ein großer Zaun gibt Sicherheit.

12.4: Ein Mädchen (6) hat diese Schnecke gemalt. Am unteren Blattrand ist – grün – die Wiese angegeben, oben – blau – der Himmel. Die braune Schnecke trägt ein wunderschönes Schneckenhaus durch die Blumen auf einen Baum zu, der völlig unbedeutend ist gegen soviel Pracht.

12.5: Ein Mädchen (6) wollte hier einen besonders schönen Vogel zeichnen. Mit viel Einfallsreichtum verziert es den Vogelkörper, die Flügel und den Schwanz. Der Kopf trägt menschliche Züge. Daß der Vogel vier Beine hat, ist nicht weiter schlimm. Darauf kommt das Kind bald. Es ist wohl ein Überbleibsel aus der Zeit, als das Tier ein „umgelegter Mensch" mit vielen Beinen war.

12.6: Dieser Elefant mit dem Menschengesicht wurde von einem siebenjährigen Mädchen nach einem Besuch im Zoo gezeichnet. Profil- und Vorderansicht oder mit anderen Worten: Wissen und Beobachtung stoßen hier aufeinander. Die Farbwahl (Ohren rot, Kopf grün, Körper grau, Füße schwarz) zeigt, wie stark das Kind beeindruckt war.

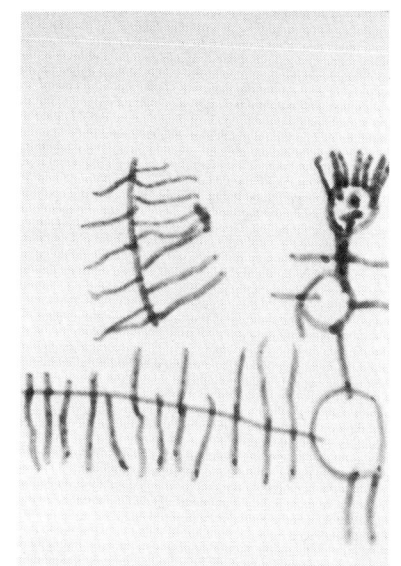

tung zeichnen. So kommen sehr viele verschiedene Grenzlösungen zustande, d. h., beim Kind kollidieren zwei verschiedene Vorstellungen. Da findet sich das Vollgesicht mit einer zusätzlichen Nase auf der Seite, ein anderes Kind zeichnet das Gesicht von vorne und von der Seite zugleich. Wieder ein anderes bringt auf der Profildarstellung seitlich zwei Augen an usw.

Das Standlinienbild

Ein wichtiges Darstellungsproblem taucht auf, sobald die Kinder beginnen, Situationen zu schildern. Ursprünglich waren die Bildzeichen willkürlich auf das Blatt verteilt. Wo Platz war, zeichnete das Kind. Es waren Streubilder.

Sobald die Dinge in einen inneren Zusammenhang treten, muß sich das Kind einen geordneten Bildraum schaffen für seine Darstellungen.

Das Gefühl für Raum entwickelt das Kind früh. Der Laufstall setzt seinem Bewegungsdrang Grenzen, die geschlossene Tür sperrt einen ins Zimmer, das Haus, der Gartenzaun, alles sind erlebbare Räume.

Man kann Kinder beobachten, die mitten in ihrem Sandkasten sitzen und mit einem Stab um sich in den Sand ein Viereck zeichnen; es ist ihr Raum, ihr Zimmer. In Venedig konnte ich auf einem Platz einmal Kinder beobachten, die die ganze Wohnung mit Kreide auf den Boden zeichneten und dann in ihren Zimmern spielten. Sie besuchten sich sogar gegenseitig. Ein derartiger Raum kann auch in der Kinderzeichnung erscheinen. Ein Kind zeichnet sich mitten aufs Blatt, dann spricht es: ,,Ich bin im Zimmer!" Es zieht eine Begrenzung um sich. Das kann sich fortsetzen: Zimmer im Haus (neue Begrenzung), das Haus im Garten... Ebenso baut es um sich ein Auto, eine Garage usw. oder um ein Tier einen Stall. Mit diesem subjektiven Raumverständnis ist aber den komplizierten Situationen, die sich das Kind jetzt vornimmt, nicht beizukommen. Es ordnet genau in ,,oben" und ,,unten". Alles,

was steht, läuft oder wächst, befindet sich auf dem Boden. Dieser Boden ist der untere Blattrand. Kinder kennzeichnen ihn häufig mit einem langen Strich parallel zum Blattrand. Hier stehen die Dinge. Man spricht deshalb gerne von ,,Standlinienbildern". Auch der obere Blattrand hat seine Funktion: Hier ist der Himmel. Auch ihn bezeichnet oft eine Linie. Zwischen diesen beiden Grenzen spielt sich das Leben ab. Der Bereich direkt unter der Himmelslinie ist den fliegenden Dingen wie Wolken, Vögeln, der Sonne, Flugzeugen zugedacht. Der Hintergrund bleibt normalerweise frei: ,,Da ist die Luft!"

Die additive Darstellung

Eine weitere Schwierigkeit ist zu bewältigen. Das Kind, das seinem Nachbarn beim Äpfelernten zusieht, beobachtet ihn natürlich sehr genau. Mit einer langen Leiter geht er zum Baum; er richtet sie auf und lehnt sie an den Stamm. Am Boden steht ein Korb bereit. Der Nachbar steigt auf die Leiter und greift nach den ihm am nächsten hängenden Äpfeln usf.

Einem geschulten Erwachsenen würde diese Szene keine bildnerischen Schwierigkeiten bereiten. Im Baum steht der Mann auf der Leiter, er verdeckt sie teilweise, auch er selbst wird von den Zweigen zum Teil verdeckt. Dem Kind verwehrt sich diese Darstellungsweise. Nicht nur, weil es nur den Vorgang und nicht seine optisch wiederholbare Erscheinungsweise beobachtet, sondern weil es möglichst klar zeichnen will.

Der Klarheit widersprechen aber Überschneidungen, durch die dahinterliegende Dinge versteckt werden. Deshalb zeichnet das Kind alles nebeneinander. Die Leiter steht neben dem Baum, der Nachbar neigt sich aus der Leiter heraus, die Äste des Baumes sind nicht nach hinten oder vorne angeordnet, sie liegen nebeneinander usw. In den Situationsschilderungen organisiert das Kind seine Zeichnung.

Das schulreife Kind

Im Schulreifetest hat das Kind seine Fähigkeit unter Beweis gestellt, in einer gewissen Ordnung und Reichhaltigkeit zu zeichnen. Vor allem die Kinder, denen im großen Maße die Möglichkeit angeboten wurde, zu Hause und im Kindergarten zu zeichnen und zu malen, haben sich Sicherheit in der Darstellung der Dinge erworben. Die anderen Kinder sind bei diesem Test sehr stark benachteiligt. Es hat sich gezeigt, daß sie allerdings bei entsprechenden Anregungen in der Schule bald aufholen können.

Sicherheit im Zeichnen kann eine Schematisierung mit sich bringen. Die Sinnzeichen werden klischeehaft angewandt. Dieser Fall mag vorkommen, meist wenden sich aber die Kinder im Vertrauen auf ihr Können immer neuen und umfassenderen Geschichten und Situationen zu.

Grundsätzlich unterscheidet sich die Zeichnung des schulreifen Kindes nicht von der des Kindes in den ersten Grundschuljahren. Sie wird nur zunehmend detaillierter. Bisher genügte die Linie, um einen Gegenstand zu umreißen. Das Kind setzt sich nun mit den Dingen auch verstandesmäßig mehr auseinander, als dies normalerweise bisher der Fall war. Es erfährt Einzelheiten über den Sinn und Zweck (das war bisher schon interessant), aber auch nur das Aussehen. Nun interessiert es auch die Oberfläche. Kleider erhalten ornamentale Verzierungen, mit Punkten, Zickzack und Wellenlinien werden die Gegenstände verschönert, Schraffierungen und Strichkreuzungen werden zu Mustern. Das Kind will seine Arbeiten schmücken. Mit viel Liebe, Phantasie und Erfindungsreichtum werden Ornamente und Muster erfunden.

Die Simultanperspektive

Je umfangreicher und vielgestaltiger die Bildthemen werden, um so deutlicher stellt sich für das Kind die Frage „Wie soll ich das alles auf das Blatt bringen?" Zuerst sind Einzelentscheidungen zu treffen. Berndi will ein Haus zeichnen. Er beginnt wie gewohnt. Ein Viereck und ein darauf sitzendes Dreieck ergeben die Fassade. Sie wird mit Fenstern und der Türe ausgefüllt. Berndi weiß aber, daß das Haus nicht nur eine Fassade hat. Er geht nun in seiner Zeichnung förmlich um das Haus herum. Er zeichnet an das Viereck ein langes Rechteck, die Seitenwand des Hauses, darüber das Dach. Dieses endet senkrecht wie die Seitenwand des Hauses. Gelegentlich beobachtet man, daß das Kind sogar noch die Gegenfassade bringt, dann muß das Dach auf beiden Seiten natürlich gleich spitz zulaufen.

Berndi hat die „simultanperspektivische Darstellung" gefunden, um sein Erleben „Haus" wiederzugeben, d. h., er betrachtet das Haus aus verschiedenen Perspektiven zugleich, um es deutlicher zu machen. So „klappt" das Kind Dinge von Bedeutung, die man nicht sehen kann, selbstverständlich in die Fläche. Da gibt es Wagen, bei denen zwei Räder unten und zwei oben dran sind, oder Tische, bei denen vier Beine abenteuerlich nach verschiedenen Seiten gezeichnet sind.

Zuerst meint man, Chistoph habe dem Nußknacker mit dem riesigen Maul einen Degen an die Seite gehängt. Zieht man aber die neue Raumlösung in Betracht, so erkennt man in der geschwungenen Form den Hebel zum Nüsse-Knacken. Er sitzt eigentlich hinten und wäre unsichtbar. Weil er aber so wichtig ist, wird er vorgeklappt. Das Kind hat hier durch seine Darstellungsform die Möglichkeit, Dinge viel wesentlicher zu zeichnen als wir Erwachsenen, die wir die Objekte von einer Stelle aus und nur von außen betrachten. Das wird auch deutlich beim nächsten Gestaltungsprinzip.

Das Röntgenbild

Ruth hat ein Haus gezeichnet mit Fenster und Türe, mit Fernsehantenne und Kamin. Mitten durch die Fassade

39

läuft eine steigende Zickzacklinie (Treppe) bis zu einer waagrechten Linie (sie bezeichnet ihr Zimmer). Darauf steht ein Bett mit einem schlafenden Kind. Ruth hat also das Innere und Äußere des Hauses zugleich dargestellt. Beide durchdringen sich. Diese Erscheinung ist ebensohäufig wie das reine Innenbild.

Der kleine Ruppert hat sich gezeichnet mit einem dikken Bauch mit vielen kleinen Kreisen drin. Auf meinen fragenden Blick hin sagt er: „Das sind die Knödel." Er hatte am Vortag einen größeren Eßrekord gebrochen und war stolz darauf, daß er die Klöße zeichnete, wie man sie in seinem Bauch sieht. Ähnliches ist zu beobachten, wenn Kinder einen Einkaufskorb, ein Auto mit Chauffeur, eine Kiste mit Spielzeug o. ä. zeichnen, immer dann eben, wenn ein Ding andere Dinge beinhaltet. Man nennt diese Erscheinung Röntgenbild. In Wirklichkeit wird hier nichts durchleuchtet; das Kind zeichnet einfach das, was ihm wichtig erscheint, gleichgültig, ob es innen oder außen ist. Für das Kind ist es kein Problem, einen Menschen zu zeichnen, der Kopfweh oder Zahnschmerzen hat. Wir Erwachsenen könnten das nicht ohne weiteres. Wir stehen „draußen".

Das Flächenbild

Trotz all dieser Einzelentscheidungen bleibt das Problem der Raumaufteilung. Sobald so viele Dinge dargestellt werden, daß sie auf der „Standlinie" nicht mehr Platz finden, erfindet das Kind neue, meist unsichtbare Standlinien parallel zum unteren Blattrand. Die Gegenstände werden übereinander gezeichnet, obwohl sie zum Teil hintereinander liegen. Man spricht vom Flächenbild.

Der Erscheinung der „Umklappung" wollen wir noch etwas nachgehen: Ein Kind zeichnet das Thema Häuser an der Straße. Der Erwachsene würde fluchtpunktperspektivisch die nach hinten immer schmaler werdende Straße zeichnen und links und rechts die Häuser, die entsprechend nach hinten kleiner werden. Die Fähigkeit, in diesem Erwachsenensinne zu beobachten und zu gestalten, stellt sich erst im Pubertätsalter

13   Häuser

Die Kinder zeichnen die Dinge, die ihnen wichtig erscheinen, wobei es keine Rolle spielt, ob sie innen oder außen sind. Diese vier Blätter wurden von fünfjährigen Kindern gezeichnet.

Auf Blatt 1 stellte ein Mädchen die Weihnachtskrippe dar. Wir sehen in die Krippe, eine hausähnliche Abgrenzung unter dem Kometen. Maria gibt Josef die Hand, das Christkind liegt in der Krippe unter dem Heiligenschein. Das „Scheinen" ist als Kreis mehrfach dargestellt (Komet im Giebelfeld links neben dem Haus).

Nicole schildert auf Blatt 2 ihre Eindrücke nach einer Betrachtung von Spitzwegs „armem Poeten". Sorgsam hat sie alles nebeneinander aufgereiht: Stock, Zeitungspapier, sehr klein der Mantel, Kachelofen, Flasche mit Kerze, die Bücher, darüber fast wie Hieroglyphen die Zeichen für Stiefel und Stiefelknecht, der Poet im Bett unter dem Regenschirm. Nicole hat die Gesamtdarstellung in ein großes Dreieck gezeichnet. Es ist das Giebelfeld unter dem Dach.

Auf Blatt 3 erzählt wieder ein Mädchen von seinem Haus und dem Spielplatz davor. Wir sehen Blätter, Hocker und zwei Roller. Vor dem Haus sind Blumen und Bäume auf je einer eigenen Standlinie. Das Haus selbst zeigt sich von vorne und von der Seite zugleich (Simultanperspektive). Zugleich sehen wir Türen und Fenster, aber auch Tische und Stühle (Röntgenbild).

Petra führt dieses Thema auf Blatt 4 fort. Jemand sitzt neben vielen Kreuzen. Im Vordergrund stehen zwei Reckstangen. Bei der einen steht ein großes Kind, auf der anderen turnt ein kleines Kind. Im Hintergrund sind zwei Häuser dargestellt – links eines, von dem drei Seiten sichtbar sind, rechts eines, in das wir zugleich hineinschauen. Interessanterweise zeichnet Petra neben dem Haus noch einmal eine Innenansicht mit zwei Fenstern, einem Tisch und zwei Stühlen.

NICOLE

PEAT PETR

ein. Es würde zu weit führen, all die Hintergründe zu erläutern, warum das so ist. Erwähnt sei nur, daß diese vom Erwachsenen so hoch geschätzte natürliche „Richtigkeit" in Wirklichkeit eine optische Täuschung ist. Das Kind zeichnet viel „richtiger". Es zeichnet also eine ihm gemäße Lösung.

Wir wollen hier eine Darstellung besprechen, die auch in der Unterstufe der Volksschule auftreten kann: Rolf zeichnet eine Straße als breites Band von oben nach unten auf sein Blatt. Wir würden sagen, es ist der Grundriß der Straße. Rolf ist in der Stadt aufgewachsen, deshalb trennt er, wie beobachtet, die beiden Straßenhälften durch eine unterbrochene Linie. Auf seiner Straße sollen viele Autos fahren. Er müßte sie jetzt eigentlich von oben zeichnen. Diese Lösung kommt gelegentlich vor bei Kindern, die in einem hohen Stockwerk wohnen. Rolf denkt gar nicht daran. Er dreht sein Blatt zur Seite, die eine Seitenbegrenzung der Straße ist nun seine Standlinie, auf ihr fahren die Autos. Für die Gegenfahrbahn wird das Blatt wieder ganz gedreht. Die andere Straßenseite ist nun ebenfalls Standlinie. Auch auf ihr folgt ein Auto dem anderen. Nun kommen die Häuser, sie stehen – das Blatt wurde wieder gedreht – ebenfalls auf der Standlinie, nur auf der anderen Seite. Das fertige Blatt sieht eigenartig aus. Links und rechts von der Straße scheinen die Häuser heraus-, die Autos hineingeklappt zu sein. Man spricht deshalb auch von Klappbildern. Der Ausdruck ist eigentlich falsch. Es sind Drehbilder. Das Kind hat eine komplizierte Aufgabe im Rahmen seiner Darstellungsmöglichkeiten sehr logisch gelöst.

Das Kind in den ersten Schuljahren

An sich verfügt das normal geförderte Kind jetzt über ein so breit ausdifferenziertes Bildrepertoire, daß es in der Lage ist, die Dinge, die es sagen will, im Bild auch auszudrücken. Die Ergebnisse, die Kinder nach Hause bringen, nachdem sie einige Monate die Grundschule besuchen, sind allerdings oft deprimierend. Natürlich bedeutet es für das Kind eine außerordentlich große Umstellung, aus der spielerischen Freiheit der Kindertagesstätte oder der Familie plötzlich in die Schulklasse mit ihrer Ordnung einzutreten, so lange Zeit auf

14 *Geschichten (Skifahren, Hochzeit, Umweltverschmutzung)*

Kinder erzählen uns in ihren Bildern von ihrer Welt. Daß sie dabei in ihrem Zeichenvorrat, mit dem sie zeichnen, Entwicklungen durchlaufen, hat mit der Intensität ihrer Aussagen nichts zu tun. Das Kind wird vielleicht differenzierter, vielfältiger in seiner Zeichnung, auch lesbarer für uns, aber es war und ist immer intensiv. Das dürfen wir beim Betrachten von Kinderzeichnungen nie außer acht lassen. Jedes Blatt ist in sich wertvoll und ist ein konsequentes Dokument vom augenblicklichen Ich- und Weltverständnis des Kindes.

Auf Blatt 1 erzählt ein vierjähriger Junge von einer Skifahrt mit seiner Mutter. Schon der Hang, der unversehens zum Steilhang wird, beeindruckte ihn sehr. Er steht ganz klein (Kopffüßler) oben mit langen Armen und den Skistöcken, die wichtiger zu sein scheinen als die Skier. Seine Mama fährt als rasante Schönheit bereits ab. Auch sie hat nur ganz kleine Bretter, aber Stöcke mit sehr großen Tellern.

Hochzeiten sind ein sehr großes Erlebnis für Kinder (Blatt 2). Die ungewohnte Feierlichkeit, die schönen Kleider, die Zeremonien ... Ein sechsjähriges Mädchen schildert die Braut (mit Blumen) und den Bräutigam. Mit vielen Punkten sind Hut und Smoking am Rand geschmückt. Ein Stern leuchtet für das Paar.

Ein siebenjähriger Junge beschreibt auf Blatt 3 einige Aspekte der Umweltverschmutzung. In der Schule war ausführlich darüber gesprochen worden. Das riesige Flugzeug und die Kamine der sieben Häuser verräuchern die lebensnotwendige Luft.

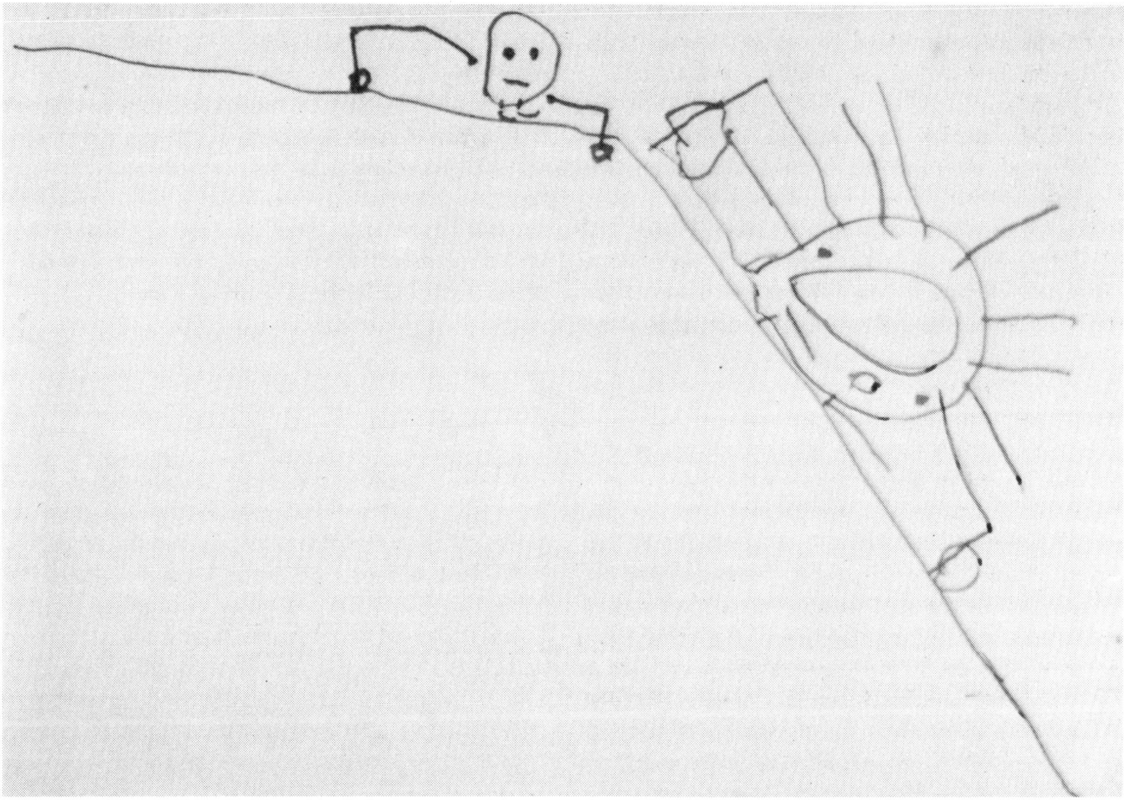

43

einem Stuhl sitzen und sich diesem System von Erfolg und Versagen unterziehen zu müssen. Die neue Situation wird nicht spurlos an der Bildsprache des Kindes – als dem Spiegel seiner Umweltbeziehungen – vorübergehen. Aber ist es nicht häufig so, daß die Kinderzeichnungen im Vergleich zu den früheren Arbeiten aus dem Kindergarten dünn, phantasielos und verkrampft wirken? Natürlich gibt es viele Grundschullehrkräfte, denen es gelingt, den Phantasiereichtum, die Aussagefreude und die Kreativität vom Kindergarten in die Schule herüberzuholen und dort auch weiter zu fördern. Sie wissen, wieviel Anregung, Unterstützung und positive Verstärkung Kinder brauchen, um freie Zeichnungen malen zu können.

Ich arbeite seit vielen Jahren regelmäßig einen Vormittag jede Woche in einem städtischen Kindergarten in München. Dort ist es selbstverständlich, daß der Lehrer der Grundschule die Kinder, die im nächsten Jahr zu ihm kommen, regelmäßig im Kindergarten besucht. Er kennt die Kinder sehr genau und weiß, was sie interessiert und wie sie sich äußern. So ist es keine Schwierigkeit, die Kinder ohne Bruch in die Schule hineinzuführen und auch ihre Bildsprache weiter zu differenzieren. Lehrkräfte, die nicht sicher sind, ob sie den richtigen Weg gehen, sollten sich einmal mit der Erzieherin zusammentun und die Arbeiten der Kinder vor und nach dem Schuleintritt vergleichen. Noch einmal: Das Kind hätte jetzt die Möglichkeit, sich sehr differenziert auszudrücken, und braucht nur die Anregung, den Anstoß durch die Lehrkraft. Dabei wird dann als Beispiel für Veränderungen sichtbar werden, daß die Kinder neben einem differenzierteren Raumgefühl das Bewußtsein von der Körperlichkeit einzelner Gegenstände in der Zeichnung sichtbar machen. Es tauchen auch einige erste Überschneidungen auf, d. h., das Kind unterscheidet „davor" und „dahinter". Das wiederum bewirkt, daß bei größeren Raumdarstellungen erste Horizonte sichtbar werden. Das Kind – das ist aber nicht die Regel – sieht den Raum in einer Schrägaufsicht. Auf der einen Seite stellt sich für den Lehrer in den ersten Jahren der Grundschule die Aufgabe, die Bildsprache im Rahmen einer allgemeinen Kreativitätserziehung zu fördern und zu unterstützen. Dazu bietet sich die Gelegenheit im Fach Kunsterziehung. Darüber hinaus ist das Zeichnen und Malen der Kinder ein hervorragendes Mittel, um auch Sachzusammenhänge in anderen Fächern zu verdeutlichen und zu veranschaulichen und dem Kind zu helfen, seine eigene Vorstellung dabei zu klären.

Kind und Farbe

Nicht die Eigentümlichkeit der verschiedenen Farbtechniken soll hier betrachtet werden, sondern der Übersicht über die Entwicklungsstufen des kindlichen Gestaltens sollen noch einige Gedanken über das Verhältnis des Kindes zur Farbe angefügt werden. „Unser Niko ist farbenblind. Jetzt ist er schon drei Jahre alt, doch wenn ich ihm den gelben Schal hinhalte und frage, was ist das für eine Farbe, dann weiß er es nicht!" Vielleicht haben mehrere Eltern diese Sorgen. Gewiß gibt es eine angeborene Farbenschwäche; das ist jedoch außerordentlich selten. Zumeist sind solche Sorgen also völlig unbegründet. Das Farbensehen und vor allem das Farbenerkennen und -benennen bildet sich nämlich sehr langsam aus. Zunächst unterscheidet ein Kleinkind nur zwischen hell und dunkel. Jede Farberscheinung wird übersetzt wie bei einer Schwarzweißfotografie. Die ersten Farben, die mit Bewußtsein wahrgenommen werden, sind fast immer „Rot" und „Purpurviolett". Daraus erklärt sich wohl auch die besondere Vorliebe für diese Farben bei Kindern. Die anderen Farben folgen nach und nach, als nächste häufig Gelb, Rosa, Ultramarinblau, Goldorange usw. Insgesamt erkennt das Kind erst die warmen Farben, dann die kalten. Das muß man beachten, wenn man die

Verwendung der Farbe im Vorschulalter recht beurteilen will. Dies bedeutet nicht, daß die Kinder nicht vorher schon auf Farben reagieren und einen gefühlsmäßigen Bezug zu ihnen haben und daß sie nicht auch beim Malen bestimmte Farben bewußt einsetzen, aber das Benennen und Wiedererkennen der Farben setzt einen Entwicklungsprozeß voraus, der eine Reihe von Jahren dauert.

Lustbetontes Klecksen

Ein Kind in der Kritzelstufe nimmt wahllos die nächstliegende Farbe und achtet nicht bewußt auf ihre Verschiedenheit von einer anderen. Es braucht nur ein Gerät, das die Bewegungsspur sichtbar machen hilft. Spätestens beim sogenannten „sinnunterlegten Kritzeln" kann man schon Kinder beobachten, die abwechselnd verschiedene Farben verwenden oder sich aus der Schachtel mit den Farbkreiden eine Farbe ganz bewußt auswählen. Man kann den Versuch unterstützen, indem man sagt: „Welche Farbe möchtest du denn, such dir doch eine aus." Vor allem, wenn die Farbe flüssig ist, gibt sich das Kind in diesem Alter gerne einem lustbetonten Klecksen und Schmieren hin. Das ist aber in erster Linie von der Farbmaterie her bedingt. Die Freude kann so groß sein, daß Kinder mit dem Pinsel und mit dem Finger klecksen, deren Zeichnungen längst Differenzierungen aufweisen. Trotzdem ist dieses Malen nicht unsinnig. Das Kind sammelt Materialerfahrungen. Es spürt, wie Farben miteinander kämpfen können, wie sie ineinanderfließen, und es macht vielleicht schon die ersten Entdeckungen, wenn es sieht, daß sich Farben verändern, sobald sie miteinander vermischt werden.

Die Nennfunktion der Farbe

Grundsätzlich kann man zwei verschiedene Arten beobachten, wie Kinder die Farben verwenden. Einmal kann das Kind vom Farbfleck ausgehen, an den es weitere Farbflecke setzt, oder es zeichnet – mit Farbe mit einem Stift. Es umzeichnet sozusagen das Ding, das es meint. Dabei erhalten manche Farben eine Nennfunktion. „Grün" ist die Wiese, „Blau" ist soviel wie Himmel, „Rot" steht für Dach, ein grüner Strich unten und ein blauer oben markieren den Bildraum. Welche Farben dazwischen verwendet werden, hängt weitgehend vom Temperament und auch vom Vorleben des Kindes ab. Manche Kinder bevorzugen leuchtend bunte Farben, andere hingegen zarte und tonige. Das kann aber auch oft wechseln. Meistens verwenden die Kinder die Farben sehr frei (im Sinne der Erwachsenen). Die Eigenfarbe des Gemalten wird ebensowenig beachtet wie die sonstige äußere Erscheinungsform. Es wäre auch merkwürdig, wenn das Kind in seiner Zeichnung zunächst den Eindruck von außen in seinem Bewußtsein verarbeiten und dann zu einem abstrahierten Sinnzeichen finden und in der Farbe plötzlich die Lokalfarbigkeit verwenden würde. Da gibt es blaue Gesichter, orangefarbene Augen, grüne und rote Hände. Alles scheint etwas willkürlich zu sein. Beim genaueren Zusehen bemerkt man, daß die Kinder – während sie ganz aus der Farbe heraus gestalten – unbewußt Farbgesetzen folgen. Sie wählen homogene oder kontrastierende Farben. Geradezu selbstverständlich entdecken sie im „Grün" die größte Steigerung zum „Rot". Wie falsch wäre es, ein Kind wegen der „unrichtigen" Farbigkeit zu korrigieren. Durch seine eigenwillige Farbwahl hat das Kind Möglichkeiten, das, was es meint, im Ausdruck zu steigern oder deutlicher zu machen.

Kinder, die den Pinsel wie einen Stift, also zeichnerisch, verwenden, sind selten von einem direkten Farberleben bestimmt. Farbe erscheint nur als Umriß. Augen, Nase, Mund usw. werden hineingesetzt. Der Untergrund bleibt frei. Diese Kinder malen analytischer. Sie interessieren Details stärker. Die Innendifferenzierung der Gegenstände steht im Vordergrund.

Daneben kann man Kinder beobachten, die bewußt Farben wählen, die „richtig" sind: „Ich male ein Gesicht mit blauen Augen und roten Backen ..." Hier sind wohl mehrere oder viele Farben mit Nennfunktion vorhanden, oder das Kind möchte eine ganz bestimmte Situation, die ihm wesentlich erscheint, auch so wiedergeben.

Das Malen als sinnliche Erfahrung

Das Zeichnen ist von seinem Wesen her mehr analytisch, das Malen mehr sinnlich emotional. Beide Richtungen sind im Kind angelegt und sollen gefördert werden, auch wenn es schwerpunktmäßige Akzente in einigen Kindern gibt. Soll der Jugendliche später zu feinabgestuften, sicher beobachteten Farbdifferenzierungen finden können, so vermag er das nur, wenn er von klein auf den Umgang mit Farben als etwas Selbstverständliches empfindet. Welche Bedeutung die Farbe für unser Leben hat, weiß jeder, der bewußt in der gestalteten Umwelt und in der Natur steht. Wohnen, Mode, Werbung sind ohne die Farbe nicht zu denken. Selbst in Psychologie und Medizin spielt die Farbe eine Rolle. Alle diese Bereiche setzen den farbtüchtigen und farbempfindlichen Menschen voraus. Man muß gar nicht unbedingt ans Künstlerische denken, wenn man Kinder zum Malen anregt. Der Umgang mit der Farbe, das Reagieren auf Farben und Farbklänge, das Gestalten mit Farben fördert nicht nur die Empfindsamkeit, sondern auch die Genußfähigkeit des Kindes. Es hat seine Freude daran und reagiert oft leidenschaftlich auf Farben.

Möglichst früh zu malen anfangen

Kinder zur Farbe zu „bekehren", ist nicht schwer; sie lieben Farben. Viele Erzieher glauben, der Umgang mit Farbe setze eine gewisse Reife und Vernunft voraus. Sie befürchten auch einen Abbau ihrer Erziehungserfolge, die durch das Zeichnen errungen wurden. Keine der Beobachtungen im Kindergarten und im Umgang mit kleinen Kindern hat das bestätigt. Schon eineinhalb- bis zweijährige Kinder können mit Pinsel und Farbe umgehen, mit Fingerfarben ohne weiteres. Auch wenn das Malen anfänglich mehr das „Fingerspitzengefühl" anspricht, so wächst das Kind doch ganz natürlich in den Umgang mit Farben hinein.

15 „Schreiben"

Manche Kinder versuchen sehr früh zu schreiben – vor allem dann, wenn sie es bei ihren Geschwistern oder Eltern häufig beobachten können. Mit großem Stolz lernen sie ihren Namen schreiben, auch wenn es anfänglich noch große Schwierigkeiten macht. Auf den linken zwei Bildern stempeln Kinder mit Styroporstücken ihre Namen auf große Papiere. Sie waren vom Ergebnis begeistert, und als die Blätter an der Wand hingen, sahen sie immer wieder verstohlen hin: Das ist mein Name!
Der Brief auf Blatt 3, von einem Fünfjährigen geschrieben, zeigt eine Fülle von Einfällen und Zeichen, die fast eine Geheimschrift sein könnten.

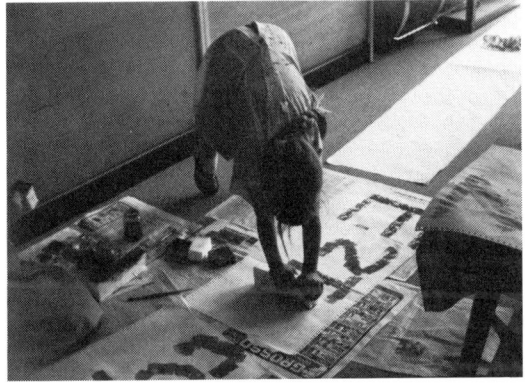

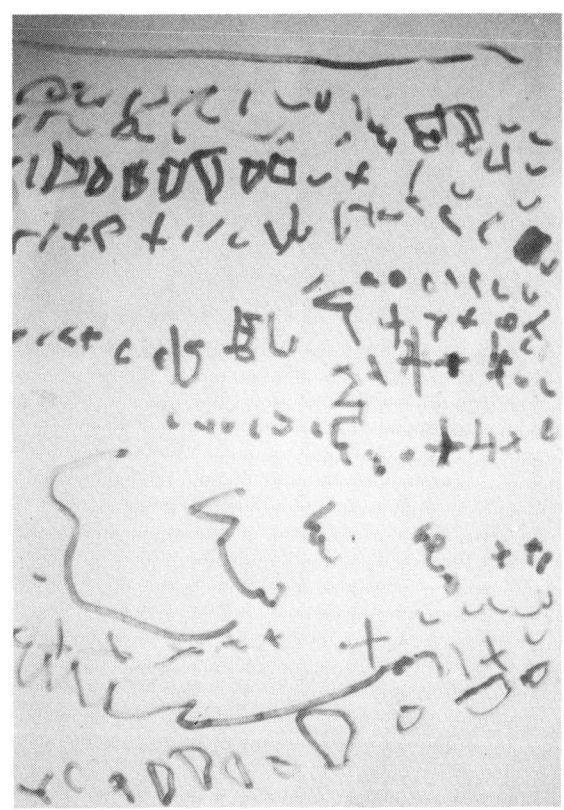

Die Themen

Die Erlebnisbreite der Kinder läßt sich an den Themen ablesen, die sie gestalten. Mit zunehmendem Alter erweitert sich das Interesse des Kindes von der eigenen Person ausgehend auf die nächste Umgebung und schließlich auf immer sachlichere Situationen. Indem *vom ich* der Erwachsene dem Kind Erlebnisse ermöglicht, *zum Du* kann er die Themenbasis verbreitern. Wenn im folgenden wieder Altersangaben gemacht werden, so sei nochmals darauf hingewiesen, daß sie nur eine ungefähre Fixierung bedeuten.

Das dreijährige Kind

Auf der Frühstufe kindlichen Gestaltens sind Überlegungen über die dargestellten Themen nicht sehr sinnvoll. „Sichtbare Motorik" wäre wohl die richtige Bezeichnung.
Auch bei der nächsten Entwicklungsstufe, der sinnunterlegten Kritzelei, sind die Benennungen noch nicht begründet; sie sind verhältnismäßig willkürlich und werden oft verändert. Auch der „Brief" ist im eigentlichen Sinne noch kein Thema, da seine Zeichen – aus nachahmender Bewegung entstanden – im einzelnen nichts bedeuten. Jedenfalls nichts, was einer Gedankenabfolge im Sinne unseres Schreibens entsprechen würde. In der ersten Stufe des bewußten Gestaltens – Kreis und Kreuz – werden sich der eigene Vorsatz, etwas Bestimmtes zu zeichnen, und die Anregung aus dem gezeichneten Gebilde, das nun in bestimmter Richtung fortgesetzt wird, die Waage halten. Je deutlicher aber nun die Dingwelt in der Kinderzeichnung auftritt, um so häufiger nimmt sich das Kind bereits vor dem Zeichnen ein ganz bestimmtes Thema vor.

16   *Rhythmisches Zeichnen*

Um den Kindern später das Schreiben zu erleichtern und ihnen bei der Verfeinerung ihrer Motorik, vor allem der Hand, zu helfen, kann man gelegentlich kleine grafische Spiele anregen. Hier stempelten die Kinder mit einem Korken Punkte auf ein großes Blatt Papier. Dann spielten sie: „Slalom", „Purzelbäume", „Von-Stein-zu-Stein-Hüpfen" usw. Sie zeichneten mit einem Stift und einer Hand, zu zweit auf einem Blatt mit je einem Stift, zu zweit mit einem Stift, allein mit beiden Händen. Dazu können Anregungen von außen kommen. Auf Blatt 4 zeichnete der Junge zunächst „Ein- und Ausatmen", dann kam ein Wirbelwind: Er antwortete mit Bewegungsspuren auf entsprechende Musik.
Man sollte selbst versuchen, in der Luft diese vielfältigen Bewegungen nachzuzeichnen; dann spürt man, welche sensible Beweglichkeit hier nötig war, um das Blatt (5) zu zeichnen.
Dieses Kind deutete ein Haus an und zeichnete – angeregt durch Musik – entsprechende „Kritzeleien": leisen Wind, stärkeren Wind, Sturm, Gewitter, Donner, es beginnt zu regnen ... (Blatt 6).

Der Mensch

Zunächst ist es natürlich die eigene Person, um die das Interesse kreist: „Der Hansi hat den Hansi gemalt." Anfänglich nur als anthropomorphes Zeichen (Kopffüßler), später mit größerer Differenzierung der Gestalt. Dazu kommt, daß in dem Moment, in dem der Versuch unternommen wird, nicht nur sich selbst, sondern auch Papa und Mama und die Geschwister zu zeichnen, bestimmte Attribute gefunden werden müssen. Sie müssen ja unterscheidbar sein. Für Auto, Pflanze, Baum usw. werden Sinnzeichen gefunden.

Das vierjährige Kind

All diese Sinnzeichen werden vom vierjährigen Kind weiter benutzt und bereichert. Mehr und mehr wird der Mensch als Frau und Mann erkennbar. Die Tiere werden mit ihren spezifischen Attributen dargestellt (Flügel, Hörner, Schwanz usw.). Viele interessante Dinge aus der Umgebung des Kindes tauchen auf: Spielsachen, Haustier, Lampe, Werkzeug und Geräte. Das Haus selbst ist ein häufiges Thema. Meistens entsteht es aus Rechteck und Dreieck. Sorgsam werden die vielen Fenster angebracht, die Türe, die Treppe. Kaum einmal fehlt der Kamin; natürlich wird auch die Fernsehantenne gern gezeichnet, kommt sie doch in ihrer Form dem Ordnungsbestreben des Kindes entgegen. Sobald das Kind das Haus in einer gewissen Räumlichkeit darstellt oder in einem räumlichen Zusammenhang (Standlinienbild) – das vier- oder fünfjährige Kind entwickelt diese Zuordnung ja eines Tages –, werden auch Wettererscheinungen interessant. Wolken, Sonne, bisweilen auch der Regen werden dargestellt. Die Sonne erhält meist ganz automatisch ein Gesicht; es

ist eben der Kreis mit Strahlen, der eine Gestalt meint. Pflanze und Baum werden reicher, Blätter, Blüten, Früchte spielen eine Rolle.

Viele Themen werden aus dem Alltag entnommen, wenn etwas Besonderes geschehen ist. Der Hund, der die Katze verjagt hat, oder dgl.

Das fünfjährige Kind

Die Liebe zum erzählerisch Anekdotischen in der Zeichnung steigert sich noch beim fünfjährigen Kind. Alles Besondere, das in der Umgebung vorkommt, wird auf dem Blatt geschildert: der neue Schrank; die Spielzeugstraßenwalze; die Katze; der Fernsehapparat mit einem Bild; Bilder, die durch Fernsehsendungen angeregt werden.

17 Die Hand

Ein uraltes Thema. Schon in der Eiszeit verwendeten die Menschen ihre Hand als Stempel, als Nachricht und Zeichen. Die kleine Anna war erst ein paar Monate alt, als sie in das Skizzenbuch ihrer Mutter, einer Künstlerin, „hineinpatschte".
Auf Blatt 2 umzeichneten französische Kinder ihre Hand oder zeichneten Zeichen für Hände.
Auf Blatt 3 sehen wir italienische Kinder am Werk.
Auf Blatt 4 hat ein deutsches Kind seine Hand umzeichnet, nachdem es seinen Puls das erste Mal gefühlt hatte. Den Rhythmus zeichnete es in den Unterarm.

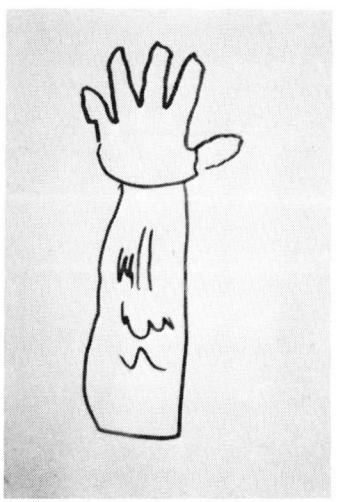

Eine Reise, eine Bergtour können eine Fülle von Bildern provozieren. Man sieht das Schiff auf dem Wasser, den Kapitän, die Vögel am Ufer, die Bootshütte, den Zug mit Geleisen, die Bergbahn, den kleinen Bergsteiger, die Gemse. Ein Besuch im Zoo wird seinen Niederschlag in vielen Blättern finden.

Immer ist natürlich vorausgesetzt, daß das Kind schon ständig gezeichnet hat. Wenn es jetzt aus der Fülle der Eindrücke heraus sich erst die Sinnzeichen schaffen muß, wird es leicht resignieren. Es braucht dann sehr viel Verständnis und Hilfe, um aufholen zu können.

Die ganze technische Welt übt eine ungeheure Faszination auf die Kinder aus. Vielerlei Fahrzeuge, Flugzeug, Hubschrauber, Bagger, Schneepflug, Krane, Tankstellen, Schranken, Signale, alles will gezeichnet sein. Auch der Spielbereich des Kindes wird umgesetzt: die Puppe und der Puppenwagen, der Bär und nicht zuletzt das Puppentheater, der Kasper und der Zauberer, der Seppl und der Teufel, und wie sie alle heißen mögen. Was die Phantasie des Kindes anregt, wird gezeichnet und gemalt. Natürlich auch die Träume, Dinge, die sich das Kind vorstellt, vor denen es Angst hat... Das Kind benennt auf der einen Seite in seiner Zeichnung die Dinge, die es meint, es schafft aber zugleich auch Bildsymbole, in die es seine eigenen Probleme hineinprojizieren kann. Symbole für Spannungen, die in seinem Inneren liegen und die es auf diese Art und Weise – sich distanzierend – abreagieren kann.

Geschichten und Märchen

Alle bislang genannten Themen entstammen der erlebbaren Umwelt des Kindes. Darüber hinaus gibt es aber einen großen weiteren Bereich: die Märchen. In diesem Alter können Kinder schon einfache Märchen und Geschichten miterleben. Es besteht heute vielfach die Ansicht, es sei verfehlt, den Kindern Märchen zu erzählen: Man solle die Kinder zu einer realen, nicht zu einer Scheinwelt hin erziehen. Was die Kinder jedoch wirklich von der sog. realen Welt erfassen und wie sie diese interpretieren, zeigt die Kinderzeichnung sehr gut. Obendrein kann jeder Erzieher feststellen, daß die Kinder sehr zwischen der geliebten Welt der Märchen und der Wirklichkeit unterscheiden. Trotzdem tauchen sie gerne in die Rollen des Märchens, die Verhaltensmuster liefern, in denen das Gute sehr zur Zufriedenheit des Kindes siegt. Und nur zu gerne werden diese Rollen gezeichnet und gemalt: die Prinzessin und der König, der Arme und der Reiche, Märchenschloß und Zauberwald. Herder schreibt einmal sehr schön: ,,Ein Kind, dem Märchen nie erzählt worden sind, wird ein Stück Feld in seinem Gemüt behalten, das in späteren Jahren nicht mehr angebaut werden kann." Dazu sollten sich die Eltern und Erzieher trotz aller Aufgeklärtheit auch heute noch bekennen. Man wird deshalb nach Märchen suchen, die das Kind erfassen kann, und wird sie möglichst erzählen, nicht vorlesen, weil man dabei stets auf die Reaktion des Kindes eingehen kann.

Daneben wird es gut sein, auch Geschichten aus dem Alltagsleben zu erfinden, die dem Kind helfen können. Die Geschichte meinetwegen vom kleinen Andreas,

18 *Sgraffito auf der Straße*

Solche Spuren zeichnender Kinder finden sich überall. Sie zeichnen sich, ihre Umwelt, ihre Spielräume. Auf diesem Bild haben italienische Kinder ein großes Haus mit verschiedenen Zimmern gezeichnet, ein selbstgebasteltes Spielfeld. Sie spielten in den Zimmern und besuchten sich gegenseitig.

der sich verlaufen hat und weinend auf dem Bürgersteig steht. Christoph sieht das, er läuft zu ihm, nimmt ihn bei der Hand und führt ihn zum Verkehrsschutzmann. Dieser hält den Verkehr an und bringt beide sicher über die Straße. Christoph führt Andreas zu seiner Mutter. Diese freut sich usw. Es sind Geschichten, die Probleme des Kindes enthalten. Das Kind kann versuchen, diese Probleme in seiner Zeichnung zu lösen. Es sind modellhafte Problemlösungen, die ihm auch im Ernstfall helfen können. In der Zeichnung klärt sich die Geschichte. Die Lösung wird anschaulich.

So werden sich für alle Situationen Geschichten finden lassen, aus denen die Kinder lernen, sich richtig zu verhalten und die zugleich einen Anreiz für bildnerische Gestaltung bieten.

Biblische Geschichten

Es braucht wohl kaum betont zu werden, wie das weite Gebiet der religiösen Erziehung des Kindes einen geradezu unerschöpflichen Themenbereich abgibt, wenn man es in Einzelgeschichten zerlegt. Die biblische Geschichte des Alten und Neuen Testamentes bringt unzählige in sich geschlossene Begebenheiten, die zum Malen reizen. Während der Gestaltung klärt sich der Zusammenhang. Das ist eine wirklich gute Grundlage religiöser Erziehung. Dazu bieten sich auch die verschiedenen Ereignisse während des Kirchenjahres, die Feste in der Familie und in der Kirche als Gestaltungsmöglichkeit an. Eine Fundgrube sind auch die Heiligenlegenden.

Das Schulkind

Während der ersten beiden Schuljahre entwickelt sich der Themenbereich nicht wesentlich. Es bleibt die Vorliebe für reiche Situationsschilderungen. Die Szenen beginnen meist mit ,,Ich und mein Roller", ,,der Geburtstagsblumenstrauß", ,,Schmetterlinge", ,,Christbaum" usw.

Viele Themen lassen sich aus dem Gesamtunterricht ableiten, andere nimmt man aus Vorkommnissen im Ort, aus der Lektüre. Wer versteht, wie Kinder zeichnen, wird auch ohne weiteres die richtigen Themen wählen. Es müssen also Themen sein, die im Flächenbild zu bewältigen sind, bei denen additive Darstellung nicht stört. Außerdem müssen sie den manuellen Fähigkeiten angemessen sein.

An ein gutes Thema kann man drei Anforderungen stellen: Es muß aktuell sein. Es muß auf die Situation des Kindes eingehen. Das Kind soll einsehen können, warum es das Thema jetzt malen soll. Das zu erklären, wird auch bei Märchen nicht schwierig sein, wenn die Geschichte fasziniert.

Das Thema muß kindgemäß sein. Es muß also aus dem Erlebnis- oder Erfahrungsbereich des Kindes stammen bzw. aus seiner möglichen Vorstellungswelt. Das Thema muß schließlich gestaltungsfähig sein. Es dürfen also für das Kind keine besonderen Schwierigkeiten auftreten, wie es das Thema angehen soll. Es gibt ja genügend Literatur mit Themenvorschlägen, auch für die Grundschule. Besser ist es in jedem Fall, eine konkrete Situation, einen bestimmten Anlaß aus der Klasse aufzugreifen und zu thematisieren. Die Kinder sind so von ihrem eigenen Interesse geleitet und stark motiviert, das Thema auch zu gestalten.

19   *Sgraffiti an Wänden*

Noch ein paar Sgraffiti (Wandmalereien) von Kindern der Osterinsel (1), aus Peru (2), aus dem Amazonasgebiet (3) und aus Venedig (4).

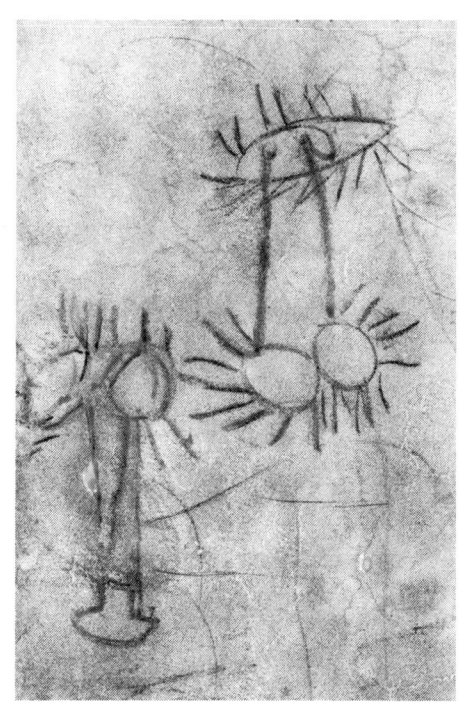

Nachstehend werden noch einige allgemeine Hinweise für Themen gegeben, die man je nach Situation auf Familie, Kindergarten oder Schule anwenden kann.

Zirkus

Die Familie hat eine Zirkusvorstellung besucht. Atemlos verfolgen die Kinder die Tierdressur, die Akrobaten, den Seiltänzer, den Zauberer, natürlich auch den Clown. Vielleicht wurde anschließend noch die Schau mit den seltenen Tieren besichtigt.

Zu Hause mag es vorkommen, daß die Kinder ihre Erlebnisse malen. „Wahrscheinlicher ist allerdings, daß die übergroße Fülle von Erlebnissen die Kinder überwältigt hat. Es war zu viel auf einmal, sie sind gereizt und müde.

Ganz falsch wäre es, nun auf dieses Erlebnis rasch ein neues folgen zu lassen. In vielen Unterhaltungen, für die Vater und Mutter sich Zeit nehmen müssen, soll das Erlebte geklärt und besprochen werden. So ist es möglich, nach und nach Einzelheiten aus dem Gesamterlebnis herauszulösen und ins Bewußtsein zu heben.

Man unterhält sich einmal über den Clown, seine Kleidung, seine Späße. So schafft man auch die Voraussetzung für das Zeichnen und Malen. Ein anderes Mal ist der Dompteur mit den brennenden Reifen dran usw.

Fernsehen

Auf diese Weise lassen sich viele Eindrücke der Kinder zu Anregungen auswerten, notfalls sogar eine Fernsehsendung. Normalerweise sollten Kinder in diesem Alter nicht fernsehen, und wenn, dann nur sehr kurz. Zahlreiche Eltern begehen den Fehler, die Kinder vor den Apparat zu setzen, um endlich Ruhe zu haben. Sie selbst sehen die Sendung nicht. An die Sendung müßte sich aber unbedingt eine Unterhaltung anschließen. Das Erlebte muß aufgearbeitet werden.

Es wurden oft Kinder beobachtet, die nicht mehr schlafen konnten, weil unverarbeitete Erlebnisse sie bedrückten. Erst nach Wochen suchten sie das Gespräch: „Mama, warum hat der Mann die Frau totgemacht ...?" Das Gespräch und vielleicht auch das Zeichnen hätten das Kind vor einer Krise bewahren können.

Es gibt viele große Erlebnisbereiche, die man in Einzelerlebnisse zerlegen muß, um sie für das Zeichnen und Malen fruchtbar zu machen: Tierpark, Zugfahrt, Baustelle, Hochzeit, Fasching, Tankstelle, jede Reise, jeder Ausflug u. v. a. m.

Das Geschichtenerzählen

Viele Eltern und Erzieher erzählen ihren Kindern zur Anregung eine Geschichte, immer dann jedenfalls, wenn die Kinder selbst nicht wissen, was sie zeichnen und malen sollen, oder wenn geplant ist, daß mehrere Kinder dasselbe Thema bearbeiten. Die Kinder sind dann zum Zeichnen und Malen entsprechend eingestimmt.

Dies ist völlig richtig, wenn es in der rechten Weise geschieht. Man sollte die Geschichten nicht vorlesen, wie oben schon erwähnt wurde. Die meisten Märchen und Erzählungen sind auf eine klare inhaltliche Aussage angelegt, auf eine konsequente Abfolge der Handlung. Eine Geschichte, die zum Zeichnen und Malen führen soll, muß in erster Linie anschaulich sein und darf nicht zu viele verwirrende Situationen nacheinander haben. Am Schluß müßte das Kind wirklich wissen, was es zeichnen soll. Die Frage „... und was soll ich jetzt malen?" zeigt, daß die Erzählung zwar möglicherweise spannend war, aber nicht zum Bild führte. Jetzt wird man sich korrigieren, indem man – wie vorher beim Zirkus – eine Szene herausnimmt und noch einmal ausführlicher bespricht.

An sich müßte man auch sprachlich auf einen Höhepunkt hinsteuern (es erübrigt sich wohl zu sagen, daß den Kindern das Arbeitsmaterial vor dem Erzählen ausgeteilt wird, da sonst jede Spannung verpufft).

Noch besser ist es, wenn auch die Erlebnisse der Kinder miteingebracht und aktiviert werden.

,,Das schön gekleidete Mädchen ging nun in den Zauberwald ...", so könnte es im Märchenbuch stehen. Anschaulich geschildert würde das etwa heißen: ,,Das kleine Mädchen hatte ein wunderschönes Kleid an mit vielen goldenen Knöpfen und farbigen Bändern. Auf das Röckchen waren bunte Tupfen gemalt, und in den Haaren trug das Kind eine Krone aus vielen Blumen. Und den Zauberwald hättet ihr sehen sollen! Da standen Bäume mit vielen Ästen und Zweigen. Überall waren große Blätter, und an jedem Ast hingen Früchte: Äpfel und Birnen, Kirschen, Zwetschgen u. v. a. m. Das Eigenartigste war: An allen Bäumen saßen auch noch ganz wunderbare Blüten: rote, gelbe, orangefarbene. Wie große Blumen wuchsen sie aus den Bäumen."

Ideal wäre es natürlich, vor allem dann, wenn auch die Kinder gewohnt sind, daß sie ihren Beitrag zu Geschichten leisten, wenn man sagen würde: ,,Das Mädchen hatte ein wunderschönes Kleid an. Könnt ihr euch vorstellen, wie das ausgesehen hat?" Und nun machen die Kinder ihre Vorschläge, und sie sind nicht durch unsere Erzählung zu stark in eine bestimmte Richtung suggeriert worden. So könnte man eine ganze Geschichte mit den Kindern entwickeln, wobei die Phantasie der Kinder einen Impuls bekommt und ihre eigenen Bilder aufsteigen können, so daß sie nur angeregt, aber nicht zu stark manipuliert ihre Zeichnungen und Malereien angehen.

Die Gemeinschaftsarbeit

Zeichnen und Malen, so wie wir es bisher verstanden haben, betraf stets das einzelne Kind. Seine Vorstellung klärte sich, seine schöpferische Phantasie wurde angesprochen. Meist wird dieses Gebiet schöpferischer Betätigung im Bereich des Individuums bleiben. Es besteht aber – bereits im Kindergarten und in der Grundschule – die Möglichkeit, durch bildnerisches Gestalten Gemeinschaftsbeziehungen zu fördern und zu klären: durch die Gemeinschaftsarbeit.

Man beachtet dieses Gebiet viel zu wenig, obwohl sich hier dem Erzieher viele Ansätze bieten, auf seine Kinder einzuwirken.

Unter Gemeinschaftsarbeit versteht man in diesem Bereich eine Gestaltung, die mehrere Kinder zusammen anfertigen. Die Gruppen dürfen dabei nicht zu groß sein, doch die Zahl der beteiligten Kinder wird vom Thema und von der Art der Durchführung abhängen.

Dabei können viele Wege beschritten werden.

So können etwa alle Kinder zugleich arbeiten. Nehmen wir das Thema ,,Wir machen einen Faschingszug": Eine lange Papierbahn wird über zusammengestellte Tische gerollt oder auf dem Boden ausgelegt, und alle Kinder malen sich eins hinter dem anderen in ihrer Verkleidung. So entsteht ein langer Fries, der sehr dekorativ wirken kann.

Ähnliche Themen: Wir machen einen Ausflug, Martinszug, Seilziehen ...

Es mag auch sein, daß man sich vornimmt, einen großen Baum mit vielen Schmetterlingen, Vögeln, Blüten und Blättern zu malen oder zu applizieren (Collage). Mit den Kindern wird beraten, was man alles malen kann. Anschließend können die Kinder überlegen, wer was an dem großen Baum gestalten soll. Jedes Kind wird seine Idee einbringen und seine Möglichkeit zum Mitwirken erhalten. Hier hat der Erzieher die Chance, auch ,,Mauerblümchen" verantwortungsvoll einzubeziehen. Es muß deutlich werden, daß nur alle zusammen eine so große Aufgabe schaffen können.

Weitere Themen für Gemeinschaftsarbeiten: Unter Wasser, Lebkuchenhaus, Zauberschloß, Dampferfahrt, Berg- und Talbahn, Lampionfest, Arche Noah, Omnibus, Zug, Flugzeug ...

Die einfachste Gemeinschaftsarbeit entsteht, wenn man einzelne Zeichenblätter zusammenklebt. Dabei muß die Endgestaltung eingehend mit den Kindern beraten werden.

Bei der Gemeinschaftsarbeit soll der einzelne seine Auffassung unterordnen. Er ist aber aufgefordert, seine Vorschläge zu unterbreiten und mit den anderen zu besprechen. Das geschieht natürlich auf kindliche Art. Das Kind lernt dabei aber, sich demokratisch zu verhalten und andere Kinder auch gelten zu lassen. Natürlich werden manche Kinder geschickter, manche unbeholfener sein. Innerhalb einer Gemeinschaftsaufgabe muß jedes seinen Teil beitragen, und es ist angehalten, das andere Kind zu achten und zu beachten. So erzieht man die Kinder zu gegenseitiger Toleranz und sozialer Sensibilität.

Es kann immer wieder beobachtet werden, daß Kinder vor dem fertigen Werk verständlicherweise sehr stolz, ja fast gebannt „ihre" Stelle ansehen, daß sie jedoch anderen Betrachtern ganz klar sagen: „Das haben *wir* gemacht."

Die Lehrkraft oder Kindergärtnerin muß natürlich vorher genau wissen, was sie vorhat und welche Technik gewählt wird. Sie müssen sich aber in jedem Fall davor hüten, die Kinder zu stark zu dirigieren. Gerade die gemeinsame Überlegung ist pädagogisch so wesentlich.

Daß auch die Arbeitsmittel ihren Teil zum Gelingen beitragen, wird in einem anderen Abschnitt noch deutlicher werden.

20 *Fahrzeuge*

Das interessiert alle Kinder. Eine Vierjährige zeichnet auf Blatt 1 eine herrliche Kutsche mit Kutscher, Gepäck und viel „Verzierung" außen herum. Auf Blatt 2 stellt ein Fünfjähriger einen Düsenjäger dar. Die äußere Form ist deutlich ablesbar, nur mit der Richtung der Düsen scheint nicht alles gut zu gehen. Da war dem kleinen Stefan noch nicht alles klar.

Die Blätter 3 und 4 zeigen noch einmal zwei Zeichnungen von Christian (hier 4/6), dessen Bahnkritzeleien wir schon kennen (vgl. S. 19). Jetzt treten immer deutlicher zwei Waggons zu Tage. Das Drehen der Räder und die vielen hohen Stufen aber sind geblieben.

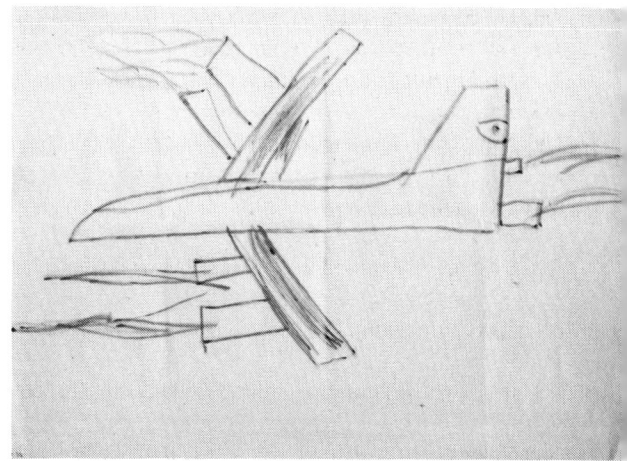
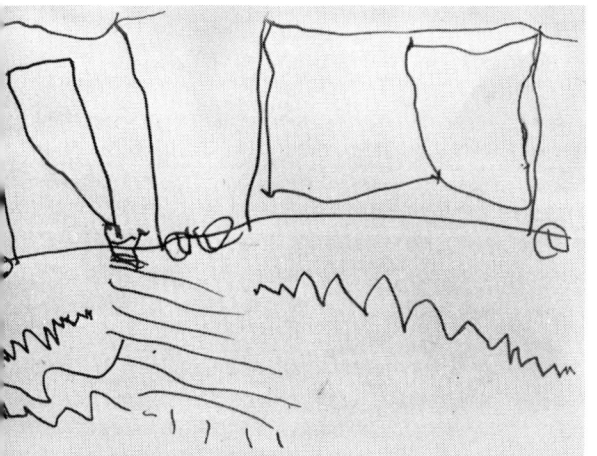
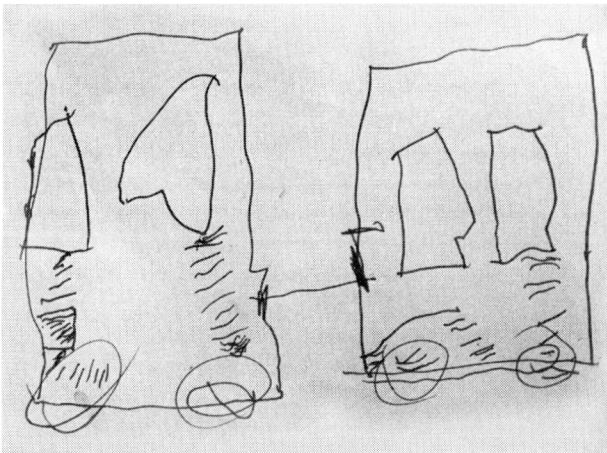

Was bedeuten die Zeichnungen?

Nahezu in jeder Unterhaltung über Kinderzeichnungen taucht die Frage auf: Was bedeuten sie eigentlich? Kann man sie deuten? Was verraten die Kinderzeichnungen über Psyche, Veranlagung, Charakter unserer Kinder?

Keine Äußerung hat nur eine direkt inhaltliche Komponente. Natürlich will uns der, der etwas äußert, etwas mitteilen. Aber die Art, wie er das tut, die Form, die er dazu wählt, sagen auch etwas über den, der etwas mitteilen will. Sprache, Bewegung, Gestik, Stimme usw., alle charakterisieren auch den, der sich da äußert. So verstanden, kann uns die Zeichnung unserer Kinder eine Menge verraten. Schon der Ausdruckswert der Zeichnung, die Art, wie das Kind die Dinge auf das Blatt verteilt, die Art, wie es zeichnet, die Oberflächenbehandlung, die Farb- und Formwahl sagen viel über Intensität, Konzentration, Temperament und Engagement des Kindes. Hier sagt uns die Zeichnung aber nichts Neues. Nichts jedenfalls, was wir nicht schon täglich an unserem Kind beobachten können. Deshalb sollte die Zeichnung in der Form auch nicht anders gedeutet werden als in der Unterstützung der täglichen Beobachtung des Kindes. Die Gefahr, daß man eigene, vorgefaßte Urteile aus der Zeichnung herausliest, ist sehr groß.

Das sei an einem Beispiel geschildert: Ein Kind zeichnet vorsichtig mit einer dünnen Linie ein Männchen. Es tastet förmlich auf dem Papier die Umrisse ab, fährt zurück, fährt wieder vorwärts, sucht und vollendet schließlich die Figur. Ist dieses Kind unsicher, weil es nicht in einem Zug die Linie setzt? Ist es ängstlich, weil es anscheinend zaghaft zeichnet? Ist es vorsichtig, ist es überlegt? Zeichnet es distanziert? Verwirklicht es eine deutliche Vorstellung, die zu kompliziert ist, als daß man sie mit einem harten Strich hinsetzen könnte? All das sind Interpretationsmöglichkeiten, und es gibt noch einige mehr. Für eine werden wir uns entschließen. Hoffen wir, daß es die richtige ist! Ich würde es grundsätzlich ablehnen, Kinder nach *einer* Zeichnung zu beurteilen. Ebenso weigere ich mich, auch über mehrere Zeichnungen von Kindern etwas zu sagen, wenn ich die Kinder oder zumindest ihre Vor- und Familiengeschichte nicht genauer kenne.

Deshalb brauchen wir aber nicht mutlos zu werden. Die Zeichnungen haben ja einen Erzählwert. Die Kinder schildern ihre Umgebung, das, was sie an ihrer Umgebung interessiert; und schon die Wahl des Inhalts und der Gestaltungsmittel sagt uns sehr viel über den Umweltbezug unserer Kinder, über ihre Interessenlagen, ihre Vorlieben. Wer einmal beginnt, hier mitzuverfolgen, wie seine Kinder in ihre Welt hineinwachsen, wie sie sie über den Stift erobern, wie sie sie „ding-fest" machen, dem wird schnell klar sein, daß die Zeichnungen der Kinder wie ein Lesebuch sind, in dem er täglich etwas über seine Kinder erfährt. Die Blätter verraten doch Interessenschwerpunkte, sie zeigen Neigungen, Wünsche und Sorgen. Oft schon waren Zeichnungen, die ein sensibler Pädagoge gelesen hat, Anlaß, über Schwierigkeiten nachzudenken, in denen das Kind steckte, Konflikte anzugehen und bei der Bewältigung zu helfen. Das setzt aber den Erzieher voraus, der Zeichnungen nicht nur ästhetisch betrachtet, sondern auch als Botschaft, als Mitteilung des Kindes sieht.

Zeichentests

Natürlich gibt es von der Wissenschaft entwickelte Zeichentests. Es gibt sogar sehr viele davon, aber sie gehören in die Hand von Fachleuten. Sie setzen im allgemeinen ein eingehendes psychologisches Studium voraus, Fachkenntnisse, sehr viel Erfahrung. Jeder verantwortungsbewußte Psychologe wird den Zeichentest innerhalb der Diagnose im übrigen auch nur im Rahmen einer Testbatterie einsetzen. Nur mit vielen anderen Aussagen zusammen ergibt sich ein Bild der Persönlichkeit.

Wer sich für diese Fragen der Zeichentests näher interessiert, sei auf ein wichtiges Buch hingewiesen, das der Kinderpsychiater Daniel Widlöcher geschrieben hat: „Was eine Kinderzeichnung verrät. Methode und Beispiele psychoanalytischer Deutung." Das Studium dieses Buches zeigt aber auch sehr schnell, wie kompliziert die wirkliche Ausdeutung einer Kinderzeichnung ist. Zu komplex sind die Einflüsse, die von außen dazukommen können, die Stimmungslage des Kindes als Ausgangspunkt, die Atmosphäre, in der das Blatt gezeichnet wird, die Mittel, die dazu verwendet werden können, sollen oder müssen –, all das spielt eine Rolle. So ist auch erklärlich, daß sich viele Psychologen Testsituationen ausgedacht haben, in denen die Aufgabenstellung so verengt ist, daß die Vergleichbarkeit damit größer ist und die Auswertung präziser wird.

Man kann eigentlich drei verschiedene Arten von Zeichentests unterscheiden. Zum einen geht es um das Abzeichnen abstrakter geometrischer Figuren, direkt oder aus dem Gedächtnis. Dann gibt es Tests, bei denen dem Zeichner die Wahl des Themas seiner Darstellung freigestellt ist, und dann gibt es den thematischen Zeichentest. Hier gibt der Untersuchende dem Kind oder Jugendlichen ein Motiv vor, einen Gegenstand oder eine Situation.

Das Abzeichnen abstrakter geometrischer Figuren von einer Vorlage oder aus dem Gedächtnis findet sich nur in Intelligenztests. Dabei werden die Differenzierungs- und Merkfähigkeit wie auch die Kombinationsfähigkeit getestet. Beim freien Zeichnen wird häufig auch noch die Geschichte ausgewertet, die das Kind dazu erzählt oder erzählen soll. Hier interessiert mehr die soziale Haltung und Integration des Kindes. Manche Wissenschaftler gehen bei den nicht thematisierten Zeichentests auch von Spontankritzeleien aus, die Unbewußtes zu Tage fördern und manche Aussagen über Persönlichkeitsstörungen machen können.

Zu dieser Gruppe der athematischen Zeichentests gehören auch die Zeichenergänzungstests. Auch hier kann der Zeichner sein Thema frei wählen, ist aber insofern festgelegt, als er die freie Wahl seines Themas mit in vorgegebene Zeichen einbringen muß, bzw. sich durch diese Vorgaben anregen lassen kann, um in seiner Interessenlage weiterzuzeichnen.

Die dritte Gruppe sind die thematischen Zeichentests. Hier werden dem Kind und Jugendlichen bestimmte Aufträge gegeben. Hierzu gehören die verschiedenen Tests, die eine Menschendarstellung zum Thema haben: der Draw-a-man-test von Florence Goodenogh. Es gibt verschiedene Varianten dieses Tests. Eine wichtige stammt von Elisabeth M. Koppitz aus dem Jahre 1968.

Bei der Auswertung dieser Tests werden den Details Punkte nach einem bestimmten System gegeben, die innerhalb einer Berechnungsformel Aufschluß über Entwicklungsstand und Intelligenzgrad des Kindes geben können.

Ein anderer Test ist der Baumtest von Karl Koch. Er ist in erster Linie ein Persönlichkeitstest, macht aber auch Aussagen zur Entwicklung. Verschiedene Zonen auf dem Papier entsprechen psychischen Bereichen, und die Überbetonung einer bestimmten Region auf dem Blatt läßt Deutungen zu. Dabei werden die absolute Größe des Baumes, Größenverhältnisse von Stamm zu Krone, Kronenbreite, Größenverhältnis von linker und rechter Kronenhälfte usw. sehr genau mitberücksichtigt. Vermutlich dürfte die Zeichenfähigkeit und das Milieu, aus dem das Kind kommt, bei der Darstellung des Baumes nicht ohne Wirkung sein.

Der Zeichentest, der noch am ehesten von Laien benützt werden kann, stammt von der Psychologin Luitgard Brem-Gräser: Familie in Tieren. Aber auch er dürfte nur benutzt werden, wenn man die Auswertungsunterlagen sehr genau studiert hat und beachtet. Ich konnte einige Male feststellen, zu welchen Fehlschlüssen man kommt, wenn man diese Schlüssel nicht kennt. Dieser Test geht davon aus, wie wesentlich für die Entwicklung eines Kindes seine soziale Stellung in seiner Umwelt, im Kindergarten, in der Schule, bei seinen Spielkameraden und vor allem innerhalb seiner Familie ist. Oft liegen die Ursachen kindlicher Verhaltensstörungen im Verhältnis zu den Eltern und Geschwistern begründet. Wie das Kind nun seine eigene Stellung innerhalb der Familie einschätzt, soll dieser Test klären, bei dem dem Kind gesagt wird, daß es doch Märchen kenne, in denen Menschen in Tiere verwandelt werden und umgekehrt. Es solle sich einmal vorstellen, seine Familie wäre eine Tierfamilie, und es solle alle, natürlich auch sich selber, als Tiere zeichnen. Dabei ist die Reihenfolge, in der gezeichnet wird, wichtig, und es muß klar sein, wer welches Tier darstellt. Es kommt nicht darauf an, daß besonders schön gezeichnet wird. In der Auswertung spielt die Mentalität der Zeichnung eine Rolle, dann die Reihenfolge, nach der die Familienmitglieder auftauchen, die Gruppierung der Familie, die Größenverhältnisse der Tiere im Vergleich zur Wirklichkeit, das Ausdrucksgebaren der Tiere und der Charakter der Tiere. Die Autorin des Tests geht davon aus, daß das Tier oft zum Spiegelbild des Menschen gemacht wird und daß ihm auch menschliche Eigenschaften übertragen werden,

z. B. in Mythen, in Fabeln und Parabeln. Dabei werden den Tieren weitgehend übereinstimmend in den einzelnen Völkern und Kulturen positive und negative Eigenschaften zugeordnet. Im Test ist die Bestimmung, welche Eigenschaft bedeutsam ist, häufig erst durch die Merkmale und die Anordnung der Tiere zueinander bzw. durch ein Gespräch mit dem Kind möglich. Dieser Test ist aber ein geeigneter Projektionsträger der erlebten Familienverhältnisse. Es gibt noch andere, z. B. ,,Meine Familie, ich, mein Haus", oder das Zeichnen irgendeiner Familie, oder die ,,verzauberte Familie". Allen ist gemeinsam, daß hier eigene ,,Vorstellungen, Wünsche und Nöte projiziert werden in eine Anordnung, die nicht alltäglich ist.

Von einer derartigen Projektion geht auch der Schweizer Andreas Iten aus, der eine Betrachtung nur dem Thema der Sonne in der Kinderzeichnung und ihrer psychologischen Bedeutung widmet. Er kommt zu interessanten Schlüssen, die einem manchmal im Verständnis des Kindes weiterhelfen können.

Insgesamt sei noch einmal betont: Die Kinderzeichnung ist für uns ein so deutlich ablesbares Dokument über Interessenlage, Neigungen und auch Konflikte der Kinder, daß es nicht nötig ist, auf einem Gebiet zu dilettieren, das wirklich einem Fachstudium und Fachleuten vorbehalten sein sollte.

Wenn bei unseren Kindern Verhaltensauffälligkeiten sichtbar werden, läßt sich der Besuch eines Fachmanns mit Sicherheit nicht umgehen, der möglicherweise den Zeichentest für die Diagnose miteinsetzen wird. Er wird aber auch dankbar sein für viele Fakten und Daten, die Sie ihm aufgrund einer liebevollen Beobachtung und Beachtung des Kindes mitteilen können, Fakten, die aus dem gesamten Leben mit dem Kind und gemeinsamem Erleben stammen.

Papier

Die Mutter, die voller Schrecken Kritzeleien an Möbeln und Wänden, vielleicht sogar auf der Tischdecke (auf der die Filzschreiber so gut „angehen") entdeckt, sollte dies als Eigentor buchen.
Wer seinen Kindern genügend Papier zur Verfügung stellt, wird derartige „Überraschungen" vermeiden können. Kinder brauchen sehr viel Papier und große Formate. Der kleine Peter hat sehr bald erkannt, daß seine Mama seine kleinen Werke nicht allzu ernst nimmt, wenn sie ihm zum Zeichnen immer nur aufgeschnittene Tüten, kleine Kalenderblätter (die Rückseite ist ja noch gut ...), Reklameseiten und ähnliches gibt. Ganz abgesehen davon, daß es wahrscheinlich den Papa ärgert, wenn mitten durch das „gelungene" Portrait seiner Person, das ihm sein Sohn zum Abendessen überreicht, die sinnige Aufschrift gedruckt steht: „Zur Weihnachtsfeier stets Sekt von Meier".
Wer die Ausbildung des Schöpferischen bei seinen Kindern ernst nimmt, muß im Haushaltsplan, im Kindergarten- oder Schuletat einen Posten für Papier und Farben einplanen. Wenn Kinder viel Papier zur Verfügung haben, arbeiten sie natürlich auch viel. Deshalb sollen hier einige Möglichkeiten beschrieben werden, wie man billiges Material beschaffen kann. Zunächst sei wiederholt: Die Kinder sollen auf große Formate (etwa 40 x 60 cm) zeichnen und malen dürfen. Echte Freiheit und Großzügigkeit entstehen nur auf solchen Flächen. Daneben sollen selbstverständlich auch viele andere Formate zur Verfügung stehen, auch einmal ungewöhnliche: lange schmale Formate, auch einmal runde, wenn es geht. (Man kann sie bei einer Buchbinderei betteln.) All das provoziert die Kinder zu eigenständigen, interessanten Gestaltungen.

Der Zeichenblock

Natürlich kann man im nächsten Schreibwarengeschäft einen Block kaufen. Wenn man das vorhat, achte man darauf, wie das Papier auf dem Pappendeckeluntergrund befestigt ist. Am besten ist ein Block, der nur auf einer Seite angeheftet ist, so daß die Blätter leichter herausgelöst werden können. Das gilt jedenfalls für Kinder im Vorschulalter. Es ist für das Kind lähmend, immer darauf warten zu müssen, bis die Mama das fertige Blatt herausgenommen hat, während es so in Schwung ist. Und die Mutter ist sicher auch sonst ausgelastet.
Bewährt haben sich die großen Skizzierblöcke (auch Aktblöcke genannt). Das Papier ist nicht ganz holzfrei, aber für diesen Zweck ausgezeichnet geeignet. Es saugt genügend und ist andererseits stabil genug, um die deftigsten Attacken zu überstehen. Als Grundsatz gilt: lieber zwei billige Blöcke mit vielen großen Blättern als ein teurer mit wenigen Blättern. Am besten wären gleich drei billigere Blöcke ...

Computerpapier

Hervorragend bewährt haben sich die sog. Computerpapiere, Endlospapiere, die in regelmäßigem Abstand perforiert sind, so daß man sie leicht voneinander abtrennen kann. Sie sind zwar auf der einen Seite bedruckt, aber die Papierqualität ist so gut, daß der Druck im allgemeinen nicht durchscheint, so daß man die Rückseite für jede Art von Zeichnung und Malerei verwenden kann.

Makulaturpapier

Für die kinderreiche Familie und für den Kindergarten ist die Lösung mit den Blöcken im allgemeinen zu teuer. Hier muß das Papier anders beschafft werden. Gut geeignet ist das sog. Meterpapier (Einwickelpapier) in Rollen oder in sehr großen Bogen. Noch billiger zu haben ist bei Zeitungsdruckereien das Makulaturpapier. Es handelt sich dabei um Rollen von 1,20 Meter bis 1,80 Meter Breite und einem Durchmesser von oft 15 cm. Die Druckmaschinen greifen diesen für sie zu geringen Durchmesser nicht mehr. Deshalb werden die Rollen – meist jede Woche zu einer festgelegten Stunde – um wenige Mark verkauft. Am besten ruft man einmal bei seiner Zeitung an, wann und wo das Papier zu haben ist.

Diese Rollen beinhalten unzählige Meter Papier, aber sie sind sehr unhandlich. Man muß sie deshalb auf ein brauchbares Format bringen. Das ist gar nicht schwierig.

Mit einem Fuchsschwanz oder einer Schreinersäge läßt sich die Rolle wie ein Baumstamm durchsägen. So erhält man kleinere Rollen in der erwünschten Breite. Es gibt aber auch Makulaturtapeten. Sie sind von sehr fester Qualität, eignen sich gut für Gemeinschaftsarbeiten, saugen, bleiben aber sehr stabil. Es sind dies unbedruckte Tapeten, die man für schlechte Wände als Untertapete unter der ,,wertvollen" Tapete einsetzt.

Das Abtrennen der Blätter

Von solchen kleineren Rollen kann man die einzelnen Blätter mit der Schere abschneiden. Das ist natürlich mühsam, vor allem, wenn man viele Blätter braucht

und diese etwa die gleiche Größe haben sollen. Einfacher ist die Lösung, die Akademiestudenten häufig anwenden. Man rollt eine lange Papierbahn auf dem Boden aus und wickelt sie dann über einen Pappkarton, der die Größe der gewünschten Einzelblätter hat. Diese neue ,,Rolle" kann man mit dem Messer nun rechts und links durchtrennen, und schon hat man einen Stoß nahezu gleich großer Blätter zur Verfügung. Benötigt man wie im Kindergarten oder in der Schulklasse wirklich große Mengen von Papier, so sollte man sich überlegen, ob man nicht eine Papierschneidevorrichtung anschaffen kann, wie sie der Kaufmann verwendet. Hier wird die Papierrolle einfach eingespannt, und man zieht über eine Schneidekante Blatt für Blatt herunter. Die Maschine ist höchst einfach zu bedienen und sehr preiswert.

In der Unterstufe der Volksschule sollten die Kinder ihre eigenen Blöcke besitzen. Sie sollen unter keinen Umständen kleiner als Din A3 sein. Man stapelt sie in der Schule; damit scheidet das Vergessen aus, und es

21   *Farbmaterial*

Verschiedene Malmaterialien haben jeweils ihre spezifischen Möglichkeiten. Pastose Farben (1 und 2) sind sofort malbereit und brauchen u. U. nur ein wenig mit Wasser verdünnt zu werden. Das Mädchen (3), das sich kurz vor dem ,,Start" in die Fingerfarben befindet, will gleich mit großem Temperament loslegen. Die Malsteine (Pucks) ermöglichen die Zusammenstellung einer entsprechenden Palette (4). Sie halten auch etwas aus! (5) In einem alten Teller erprobt das Mädchen, welche neuen Farben entstehen, wenn es zwei andere miteinander mischt.

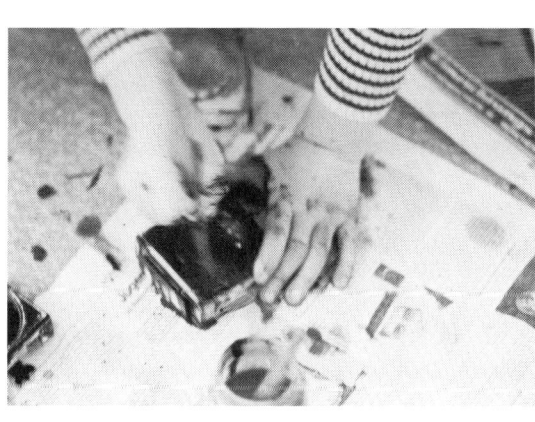

ist gewährleistet, daß die Arbeiten selbständig entstehen. Außerdem sind die Blöcke stets parat, auch dann, wenn sich ganz spontan aus einer Stunde heraus das Bedürfnis zum Zeichnen und Malen ergibt.

Daneben sollte die Lehrkraft auch Makulaturpapier bereithalten für größere Formate, Gemeinschaftsarbeiten usw. Wenn die Gemeinschaftsarbeiten besonders groß sind, dürften die bis jetzt aufgezählten Papiere zu dünn und zu wenig widerstandsfähig sein. Hier ist es gut, mit großen Packpapieren von der Rolle zu arbeiten (auch graue Packpapiere). So eine Rolle stört nicht in der Ecke des Schulzimmers oder im Vorratsraum des Kindergartens, aber man wird sich über ihre Vorteile freuen, wenn man einmal eine große Aufgabe angeht.

Farbiges Papier

Kinder lieben die Abwechslung. Sie malen und zeichnen (mit farbigen Kreiden) leidenschaftlich gerne auf farbiges Papier. Dazu eignen sich neben den eben erwähnten Packpapieren vor allem die sog. Tonpapiere. Plakatpapier (Meterware) ist ebenfalls gut zu benützen. Aber auch hier sollten die Kinder große Formate bekommen. In vielen Volksschulen und Kindergärten wird Papier in Heftgröße DIN A 5 ausgegeben. Das ist viel zu klein, wenn das Kind auch nur das geringste Temperament entwickelt.

Es ist gut, wenn eine Reihe von Farben zur Auswahl vorliegt, dann muß das Kind nämlich schon bei der Auswahl des Papiers die erste Entscheidung treffen, auf welche Farbe es malen will. Farbiges Papier zwingt die Kinder dazu, auch ihre eigenen Farben zu organisieren. Rote Farbe auf rotem Papier wirkt nicht! Die Kinder haben das schnell herausgefunden.

Befestigen des Papiers

Wie gesagt: Papier sollte stets in großen Mengen vorhanden sein. Zum Arbeiten kann man es natürlich einfach auf den Tisch legen. Aber große Formate rutschen leicht. Mit einem kurzen Stück Kreppklebeband ist das leicht zu verhindern. Es hat sich als günstig erwiesen, mit einer Klammer oder zwei „Riesenbüroklammern" mehrere Blätter auf einem entsprechend großen Karton zu befestigen. So erhält das Kind einen Block, aus dem es selbst fertige Blätter leicht entfernen kann.

Eine (billige) Dämmplatte, die man auf eine Spanplatte oder auf ein altes Reißbrett aufleimt, ist ebenfalls sehr praktisch. Mit Reißnägeln können die Einzelblätter ohne weiteres festgesteckt werden.

Stifte und Kreiden

Bleistift, Filzschreiber, Buntstifte

Die ersten bildnerischen „Exkursionen" werden meistens mit dem Bleistift gemacht. Es soll ein dicker Stift sein, der auch etwas aushält, mit weicher Mine. Ohne zu großen Druck muß er eine Spur hinterlassen. Es gibt auch dicke in Holz gefaßte Graphitminen oder dicke Stifte, die man in einer einfachen Holzfassung feststecken kann. Sie sind für die vehementesten Kritzler und auch später stabil genug.

Besonders beliebt sind bei den Kindern die Filzstifte oder Faserschreiber. Ihre Spur ist von satter Farbigkeit, und sie gehen „geradezu von selbst" an. Es gibt sie heute in vielen Strichstärken von ganz dicken Stiften bis zu allerfeinsten. Auch Stifte, die hinten und vorne verschiedene Strichstärken aufweisen, sind am Markt. Viele Fabrikate hatten früher den Nachteil, daß sie rasch austrockneten. Das scheint bei den meisten Produkten überwunden zu sein. Filzschreiber geben Spuren natürlich nicht nur auf dem Papier ab. Für Kinder ist es oft reizvoll, auch andere „Bildträger" zu verwenden ... Mit Spiritus hat man ein gutes und bewährtes Fleckenmittel. Manche Firmen geben jetzt auch schon sog. Killerstifte heraus, mit denen man die Malereien „wieder tilgen kann".

Nicht bewährt haben sich in dieser Altersstufe die „Buntstifte" (farbige Bleistifte), so herrlich sie auch in den Farbkästen aussehen. Um wirken zu können, braucht Farbe eine Mindestausdehnung. Sie wird bei den Buntstiften nicht erreicht. In der Unterstufe der Volksschule mögen sie sich für eine saubere und hübsche Heftführung anbieten, im Unterricht für Zeichnen und Malen sind sie nicht gerade günstig. Auch die wortreiche Propaganda der einschlägigen Firmen kann hier nicht überzeugen.

Tafelkreiden, Öl- und Wachskreiden

Viel geeigneter sind die verschiedenen Kreiden. Man kann die Kinder – auch in der Schule – auf entsprechendes Papier mit weichen Kreiden zeichnen lassen. Tafelkreiden sind das billigste Material. Leider verwischt sich die Zeichnung sehr leicht. Man muß sie deshalb fixieren. Dazu verwendet man Fixativ mit Mundspritze oder Sprayflasche oder – man lache nicht – billigen Haarspray. Diesen technischen Aufwand kann man sich ersparen, wenn man Öl- oder Wachskreiden verwendet. Beide Arten sind sehr farbstark. Man muß beim Einkauf darauf achten, daß sie leicht Farbe abgeben, da die Kinder sonst sehr schnell ermüden. Je dicker die Stifte sind, desto besser. Durch entsprechendes Schräghalten kann man auch mit einem dicken Stift dünne Striche ziehen. Manche Kreiden haben eine Plastikumhüllung. Das sieht gut aus, rutscht aber fast immer bei festerem Druck. Einige Hersteller liefern deshalb die Plastikhülle mit Löchern. Diese sind so groß, daß das Kind mit seinen Fingern die Kreide hält und am Rutschen hindert. Eine Verkrampfung der Hand ist dabei nicht leicht zu umgehen. Manche Firmen haben auch andere Formen als die übliche Stiftform entwickelt. Es gibt Farbblöcke und

Farbbirnen. Beides wird von Kindern gerne verwendet. Wer es sich leisten kann, verschiedenes Farbmaterial zu kaufen, sollte auch einmal einen Versuch mit diesen Kreiden machen (wobei hier viel Abfall entsteht, da die Kreiden bald nicht mehr gehalten werden können).

Aufbewahren der Kreiden

Die Plastikhülle soll die Kreiden am Brechen hindern. Die folgende Überlegung soll jedoch zeigen, ob es überhaupt in jedem Falle sinnvoll ist, das Brechen zu unterbinden: Viele Kinder sind außerordentlich stolz auf ihren neuen Farbkasten mit den Kreiden. Sie zeigen ihn jedermann, und nach einigen zaghaften Versuchen wird alles wieder schön eingeräumt. Am Ende haben sie Angst davor, dieses herrliche Geschenk zu zerstören. Eine hinuntergefallene Kreide bedeutet eine Katastrophe, und die Vorstellung abgenutzter alter Kreiden in diesem wunderschönen Kasten nähert sich einem Alptraum. Diese Angst ist aber gar nicht im Sinne einer spontanen, freien Bildaussage.

Das Schulkind ist im allgemeinen von diesen Dingen nicht mehr so beeindruckt. Beim jüngeren Kind löst man gleich das Papier von der Kreide, sie wirkt dann auch viel besser; um das Händewaschen wird man nach dem Malen sowieso nicht herumkommen. Bei gehemmteren Kindern bricht man die Stifte gleich durch und füllt sie in ein Kistchen. So ist die Aufmerksamkeit nicht mehr so sehr auf das Mittel, auf die schönen Kreiden gelenkt. Das Kistchen lädt jederzeit dazu ein, sich zu bedienen. Viktor Lowenfeld, der amerikanische Kunstpädagoge und Psychologe, hat diesen Vorschlag gemacht. Ich habe ihn oft ausprobiert, und er hat sich bewährt. Das Ganze klingt vielleicht etwas hart, aber nur so kommt es zu einem spontanen Zeichnen und Malen. Um ein Kind zur Korrektheit zu erziehen, muß man nicht unbedingt das Gebiet der Phantasie wählen; da gibt es genügend andere fruchtbare Ansätze.

Die Tafel

Verschiedene meiner Freunde sind Lehrerinnen und Lehrer. Wenn sie nachmittags in der Schule noch etwas zu erledigen haben, nehmen sie ihre kleinen Kinder mit. Die sind auf lange Zeit „versorgt", wenn sie mit Kreide auf der großen Tafel zeichnen können. Allein schon die Aussicht, über die ganze Breite einen so langen Strich ziehen zu können oder, wenn man die Tafel ganz herunterfährt bis zum Boden, einmal von unten bis oben mit ausgestreckten Armen zeichnen zu dürfen, ist ein faszinierendes und großartiges Erlebnis für die Kinder. Wandtafeln üben auf Kinder eine große Anziehungskraft aus. Diese riesige schwarze oder grüne Fläche, die man mit den herrlichen Kreiden mühelos vollzeichnen kann! Es ist nicht nur das neuartige Material, das die Kinder reizt, häufig ist es auch die großräumige Zeichenspur, die eine eigene starke Körperbewegung voraussetzt. Es bedeutet einen eigenen Genuß, einmal die ganze Höhe, Tiefe und Breite seiner Streckmöglichkeiten auszunützen. Dazu die Zeremonie mit dem feuchten Schwamm und dem Tafellappen. Wie ein Zauberer kann man die Zeichnung wieder verschwinden lassen. Viele Eltern, die gerne alle Zeichnungen ihrer Kinder aufheben, empfinden gerade diese Tatsache als Nachteil. Tafelzeichnungen gehen zwar für die „Sammlung" verloren – nicht aber für die schöpferische Entwicklung des Kindes. Dafür ist das Tun wichtig, nicht das fertige Blatt. Vor allem für Kinder, die sehr viel produzieren, empfiehlt sich die Wandtafel – schon allein um der wechselnden Technik willen.

Kreidestaub auf dem Fußboden

Noch sind viele Kindertafelmodelle im Handel – zum An-die-Wand-Hängen, mit Staffelei, sogar als Schrankwand. Die sorgsame Hausfrau wird ihren Nachteil schnell erspähen. Wenn die Kinder an der Tafel zeichnen, fällt unvermeidlich Kreidestaub auf den Fußboden. Dies macht sich auf Teppichen besonders gut – vor allem, wenn noch etwas Wasser vom Schwamm dazukommt ...

Dagegen läßt sich leicht Abhilfe schaffen. Man baut ein kleines Kistchen, ähnlich einem Blumenkasten vor dem Fenster. Es soll rechts und links etwa 10 cm breiter sein als die Tafel. Das Kistchen wird so befestigt, daß die Tafel hineinhängt wie ein Duschvorhang in die Badewanne. Innen bringt man noch eine Plastikdose an für den feuchten Schwamm. So sammelt sich der Kreidestaub. Das Kistchen kann man von Zeit zu Zeit entleeren und säubern.

Die selbstgemachte Tafel

Tafeln kann man auch selbst anfertigen. Man kauft eine 8 mm starke Preßspanplatte oder eine Hartfaserplatte und trägt eine Grundierfarbe auf. Diese kann man mit einem feinen Schmirgelpapier glätten. Nun wird die Tafelfarbe (unter diesem Namen ist sie zu kaufen) aufgestrichen. Für wenig Geld läßt sich so die Tafel in jeder gewünschten Größe für das Kinderzimmer selbst herstellen. Auch Schrankwände und Türen kann man in Tafeln verwandeln.

22 Der Umgang mit Farben

ist für Kinder ein sehr stark sinnliches Erlebnis. Der Farbbrei, die Art des Auftrags, die Leuchtkraft, das innere Engagement oder auch die Ablehnung bestimmten Farben gegenüber fordert vollen Einsatz.

Lieber sorgen wir vor – wie in Bild 1, wo das Mädchen einen Papiermüllsack trägt – und engen die Kinder nicht durch Verbote und nörgelnde Kritik ein.

(Sollte den Kindern einmal eine ganz besonders schöne Kreidezeichnung geglückt sein, so wäre das eine Aufforderung an den lieben Papi, den Film endlich zu Ende zu knipsen, auf dessen Aufnahmen die Familie schon so lange wartet.)

Tafelzeichnen in Kindergarten und Schule

Was hier über das Tafelzeichnen gesagt ist, gilt natürlich auch für den Kindergarten. Hier könnte eine lange Tafel an einer Seitenwand angebracht sein. Sie ist als Zeichenfläche und als Ausstellungswand dienlich (die Blätter mit einem Kreppklebeband befestigen!).
Das Tafelzeichnen ist auch in der Volksschulunterstufe zu empfehlen. Die Kinder freuen sich meist, wenn sie das dürfen. Für gehemmte Kinder bedeutet die große Fläche eine Auflockerung. Pädagogisch ist aber zu beachten, daß möglichst mehrere Kinder zugleich arbeiten dürfen und daß die anderen Kinder zur gleichen Zeit auch auf ihren Blättern zeichnen. Wenn sie nämlich alle zuschauen, kann das Staralüren oder Verkrampfungen züchten. Auch „schwächere" Schüler dürfen nach vorne kommen. Auf keinen Fall darf es den Schüler oder die Schülerin geben, die immer an die Tafel dürfen, weil ihre Zeichnungen so gut sind.

Fingerfarben / Fingermalen

Alle einsichtigen Eltern und Erzieher wissen, daß Kinder gerne in Schlamm und Schmutz spielen und daß zum Beispiel nasser Sand – „Baatz", wie man in Bayern lautmalerisch so schön sagt – ein ausgezeichnetes therapeutisches Hilfsmittel bei Schwierigkeiten in der Kinderwelt ist. Wie oft kann man die Ausgeglichenheit, ja das Glücklichsein von Kindern beobachten, die voll Konzentration und kaum ablenkbar im Schlamm rühren, Sümpfe anlegen, Kanäle bauen usw. Arme Kin-

der, die nicht schmutzig werden dürfen. Wolfgang Löscher hat 1979 im Don Bosco Verlag ein Buch herausgebracht, das sich ausschließlich mit dem Thema „Sand und Wasser" beschäftigt. Ruth F. Shaw entwickelte in ihrer Schule für englischsprechende Kinder in Rom ein Malsystem, bei dem dieses befreite „Schmieren" zu bildnerischen Äußerungen führen sollte. Im Grunde erweckte sie eine Technik zum Leben, die schon die Steinzeitmenschen anwandten und die jeder Maler irgendwann einmal verwendet: das Fingermalen.

Lösen von Verkrampfungen

Diese Art zu malen vermag vorzüglich Verkrampfungen zu lösen (auch in schwierigen Volksschulklassen). Die Kinder finden Spaß daran, ihre eigenen Finger und die Hand als gefügige und lenkbare Werkzeuge zu verwenden. Sie empfinden diesen Umgang mit Farbe ähnlich wie beim nassen Sand lustbetont und enthemmend.
Anfänglich wird wohl erst der Zeigefinger in die Farbe getaucht, allmählich arbeitet man – und das ist anzustreben – mit beiden Händen. Schon auf der Kritzelstufe wird dadurch die Farbe viel stärker miterlebt als

23 *Farbenmischen*

Die vierjährige Cornelia hat das Blatt 1 gemalt. Sie hat viele neue Farben gemischt und durch Punkte zum Leuchten gebracht. Die Farben waren sehr feucht, deshalb sind sie ineinandergeflossen.
Das Kind auf Blatt 2 hat von vorneherein angestrebt, daß die Farben sich fließend vermischen.
Auf den restlichen zwei Blättern sehen wir andere Varianten, wie die Kinder je nach Temperament die Ergebnisse ihrer Farbforschungen auf das Papier auftragen.

mit dem Stift, weil das direkte sinnliche Erlebnis des Tastens noch dazukommt. Als Malgrund eignet sich jedes Papier. Gut saugendes, wie z. B. unbedrucktes Zeitungspapier, ist am besten. Manche Kinder haben Hemmungen, ihre Hände beim Malen „schmutzig" zu machen. Sie müssen erst über eine Schwelle hinüber. Man sollte sich im Einzelfall schon überlegen, woran das bei diesen Kindern liegt und ob hier nicht eine verkrampfte, unangebrachte Sauberkeitsauffassung vorliegt.

Es gibt moderne Kindergärten mit riesigen Glasscheiben, wo die Kinder mit großer Freude sogar auf das Glas malen dürfen. Es ist erfreulich, daß immer mehr Erzieherinnen und Grundschullehrkräfte den Mut dazu finden. Die ganze Welt wird fröhlicher durch die Kinderzeichnungen hindurch. Nach einiger Zeit wird das Gemälde wieder abgewaschen oder – es gibt mittlerweile solche Farben – wie eine Haut wieder abgezogen. Die Farben kann man unter dem Namen „Fingerfarben" in Dosen kaufen. Sie sind breiartig und völlig ungiftig. Es ist also nicht schlimm, wenn in der Hitze des Gefechts Farbe in den Mund gerät.

Es empfiehlt sich, für den Gebrauch die vollen Dosen in kleinere (z. B. Joghurtplastikbecher) umzufüllen. Die Farben sind wasserlöslich und überall leicht abwaschbar. Sie sind allerdings nicht ganz billig. Wenn Kinder also viel malen, ist der große Verbrauch vielleicht zu kostspielig. Dann kann man sich Fingerfarben auch selbst herstellen. Man besorgt sich im Farbengeschäft Farbpulver (zum Tünchen) und Tapetenkleister. Daraus stellt man einen dicken Farbbrei her. Er funktioniert genausogut wie die gekaufte Farbe.

Grenzen der Fingermalerei

Es sei nicht versäumt, noch einmal auf die befreiende Wirkung der Fingermalerei hinzuweisen.
Kinder, die schon viel gezeichnet oder gemalt haben und bereits sehr stark in ihrer Formwelt differenzieren, haben im allgemeinen nur vorübergehend Spaß an den Fingerfarben, weil sie Wirkungen anstreben, die ihnen mit Pinsel und Stift bereits gut gelingen, nicht aber mit der begrenzten Differenzierungsmöglichkeit der Fingermalerei. Es scheint gelegentlich, als ob solche Kinder beim Fingermalen um ein oder zwei Entwicklungsstufen zurückfallen und sich beim Bemühen um Genauigkeit eher verkrampfen. Als gelegentliche Technik und bei geeigneten Themen wird sich aber auch hier die Freude einstellen.

Wasserfarben

Das Kind im Vorschulalter

Je kleiner das Kind ist, desto ungeeigneter ist der normale Schulkasten. Man war lange der Auffassung, daß Kinder im Vorschulalter nur mit den reinen Farben arbeiten können und sich hier auf einige wenige Farben spezialisieren sollten. Alle Erfahrungen haben aber gezeigt, daß Kinder dieser Altersstufe sehr wohl in der Lage sind, auch sehr differenziert Farben zu mischen. Sie müssen dazu nur angeregt werden. Wenn man ihnen einen Kasten zur Verfügung stellt, in dem alle

24   Fensterbilder

Mit Fingerfarben läßt sich besonders gut auch auf Fensterglas malen. Die Fenster werden lustig und lebendig – nicht zuletzt durch den Hintergrund, den man trotzdem sieht. Fensterbilder eignen sich auch gut für Gemeinschaftsarbeiten zu allen Jahreszeiten! Wer einmal die konzentrierte Mimik unserer kleinen Künstler beim Malen studieren will, sollte von draußen zusehen (ein interessantes Filmthema!).

Mischfarben schon vorhanden sind, dann haben die Kinder ja keinerlei Veranlassung, selbst Farben zu mischen. Wer aber miterlebt hat, mit welchem Vergnügen Kinder feststellen, daß zwei Farben miteinander eine neue ergeben und daß man die in seinen Bildern einsetzen kann, der wird diese alte Theorie bald aufgeben. Es genügt, wenn die Kinder anfänglich sechs Farben zur Verfügung haben. Es sollten dies die drei Grundfarben Gelb, Rot und Blau, die Sekundärfarbe Grün sowie Schwarz und Weiß sein. Wer als Erwachsener selbst einmal versucht, wie viele Mischtöne man damit erreichen kann, wird erstaunt sein.

Will man die Farben fertig kaufen, so benützt man am besten pastose Farben, das sind Farben, die schon ein wenig flüssig sind. Sie werden in Gläsern und in Plastikflaschen gehandelt, aus denen man die Farbe in Maldosen umfüllen und noch etwas verdünnen kann. Natürlich kann man die Farben sehr leicht selbst anrühren. Man besorgt sich das entsprechende Farbpulver (trocken aufbewahren!). Das ist sehr billig. Als Bindemittel verwendet man wie bei den Fingerfarben Tapeten- oder Pflanzenkleister. Ihn anzurühren, ist nach der Gebrauchsanweisung kinderleicht. Er ist zudem nahezu unbegrenzt haltbar. Zum Anrühren der Farbe gibt man das Farbpulver in eine Dose und schüttet Leimwasser unter ständigem Umrühren dazu, bis ein dickflüssiger Brei entsteht. Die Farbe darf auf keinen Fall zu dünn sein. Die Kinder werden sonst durch das ständige Ineinanderfließen und Tropfen rasch entmutigt.

Als Behälter für die Farben haben sich Konservendosen mit Deckel oder Schraubgläser bewährt, die man nach Gebrauch gut verschließen kann, damit die Farbe nicht eintrocknet.

Für die Kinder in der Familie stellt man die Gläser dann am besten in eine Schachtel, so können sie nicht umkippen, und größere ,,Katastrophen" werden vermieden.

Der Kinderfarbkasten

Für die Kinder im Vorschulalter haben verschiedene Firmen Malkästen entwickelt. Es sind Kästen mit meist sechs Farben, großen Farbsteinen und teilweise sogar kleinen Mischpaletten an den Steinen. Sie geben die Farbe leicht ab und haben eine leuchtstarke Palette. Die Farbsteine gibt es in Plastikbehältern auch einzeln, mit seitlichen Schienen, so daß man sie aneinander befestigen kann. Der Vorteil dieser Farbsteine liegt in ihrer Größe. Es sind meist runde Steine, so daß das Kind beim Drehen des Pinsels die volle Steingröße ausnützen kann. Die einzelnen Steine sind auch durch die Form ihrer Plastikbehälter gut zu stapeln.

Der Schulmalkasten

Die gebräuchlichen Markenschulmalkästen sind ausgezeichnet. Sie erfüllen wirklich zufriedenstellend alle Erwartungen. Über lange Zeit hin kann man die Farbe immer wieder erweichen und lösen. Nach dem Gebrauch erhärtet sie wieder.

Wenn eine Farbe zu Ende geht, kann man sie einzeln billig nachkaufen und den Farbnapf austauschen. (Sobald die Farbe Risse bekommt und sich vom Napfrand zurückzieht, ist sie zu alt und hart. Auf dem Papier verliert sie ihre Leuchtkraft, sie wirkt grau und schal; man sollte sie deshalb erneuern.)

25   Reizmaterial

Zwischendurch ist es sehr anregend, einmal nicht auf normales Papier zu malen. Hier bekamen die Kinder rotes Samtpapier. Spontan entstand der Wunsch, Teppiche zu malen. Die Idee hatten die Kinder ohne Anregung von mir; lediglich das weiche rote Papier provozierte sie.

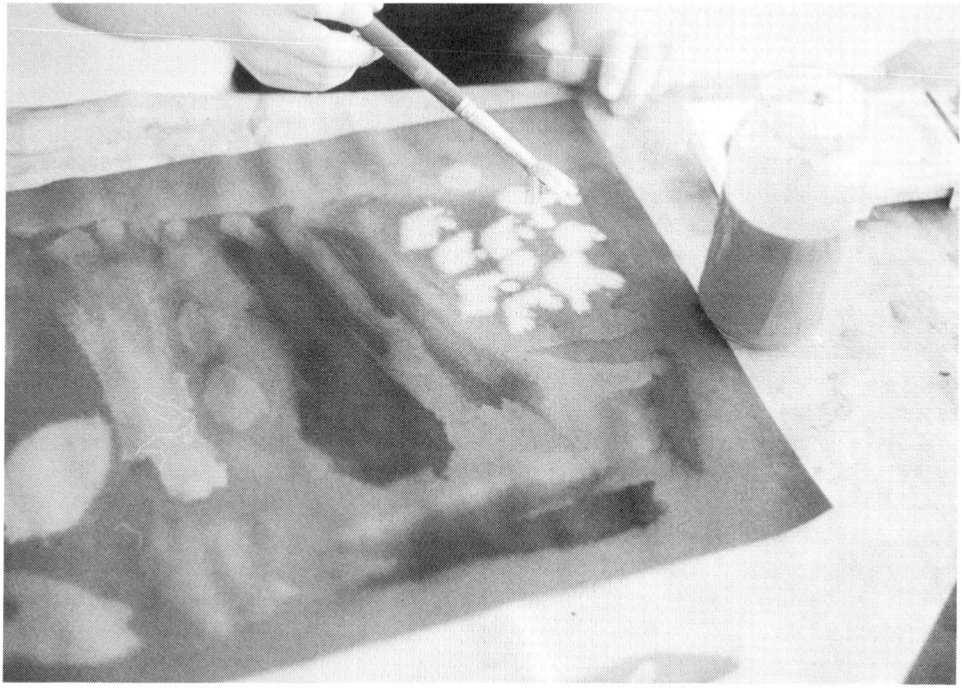

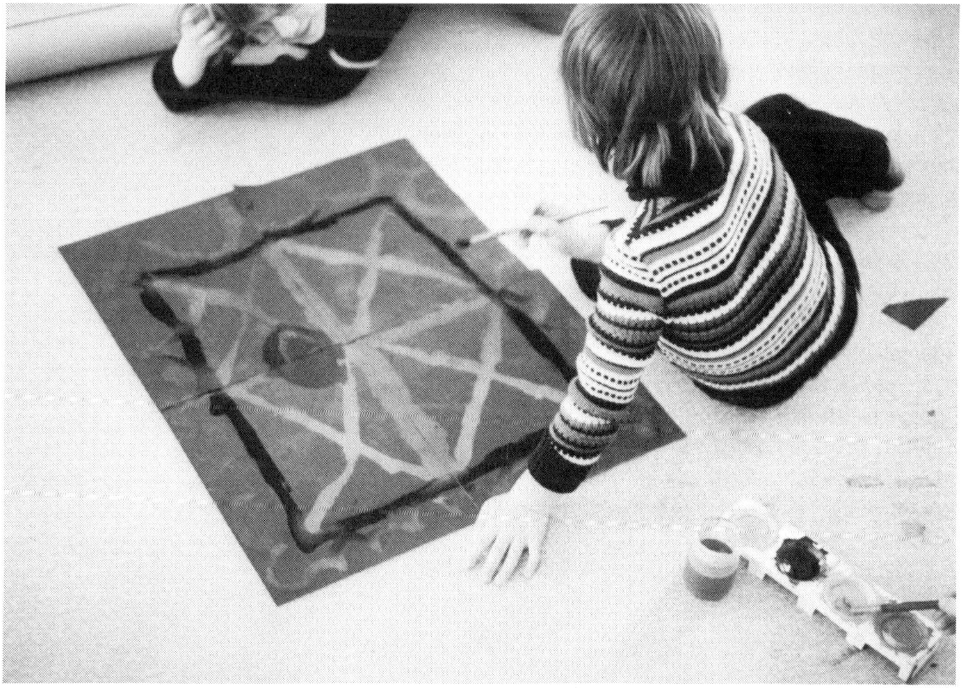

Zu empfehlen sind die Kästen mit zwölf Farben. Die Palette wurde in vieljähriger Praxis genau auf den Schulgebrauch abgestimmt, man kann mit ihr buchstäblich alle Zwischentöne mischen.

Es gibt auch Kästen mit sechs Farben. Die Palette ist zu gering, weil die Kalt-Warm-Nuancierungen hier nicht beachtet werden können, die von Kindern in der Grundschule schon gut wahrgenommen werden. Wohlmeinende Eltern kaufen den Kasten mit 24 Farben. Das ist teuer und nicht nötig. Dem Kind nimmt man damit leicht die Möglichkeit, Mischerfahrungen zu sammeln, weil alle Farbschattierungen vorhanden sind. Aus dem gleichen Grund sind die riesigen 32er und sogar 48er Farbkästen abzulehnen. Sie sind oft erstaunlich billig und schauen sehr attraktiv aus. Leider ist auch die Qualität entsprechend, die Farben sind meistens sehr schlecht. Man tut seinem Kind damit keinen Gefallen.

Die Pinsel

Die ersten Pinsel müssen sehr widerstandsfähig sein, denn die Kinder erproben sie erst einmal mit großer Vehemenz. Sie schlagen auf das Papier und drücken auf, daß sich die Borsten sternförmig auseinanderspreizen. Das alles ist notwendig, um schließlich zu erfahren, wann der Pinsel die schönste Spur hinterläßt. Diesen Ansprüchen genügen am besten Borstenpinsel mit langem Holzstiel. Es gibt zweierlei Arten. Einmal sind die Borsten so gebündelt, daß der Pinselquerschnitt einen Kreis ergibt. Das andere Mal wirkt das Pinselende wie das Ende eines Schraubenziehers, ein schmales Rechteck. Beide Arten sind gut. Eine Breite von 1 1/2 cm für die rechteckigen und für die runden ein Durchmesser von ca. 6 mm mögen für den Anfang genügen. Die Haarpinsel sind den anfänglichen Malexperimenten meist nicht gewachsen.

Doch schon das fünfjährige Kind kann sehr gut mit ihnen umgehen. Es hat sich gezeigt, wie wichtig es für das Kind immer wieder ist, bei seinen malerischen Gestaltungen auch die Mittel selbst wählen zu können. Dadurch kann es bereits gemachte Erfahrungen mit einbringen.

Besonders beliebt sind die sog. Japanpinsel. Das sind Pinsel in Bambushalterungen, deren Haare so gebündelt sind, daß sie auf ein einziges Haar auslaufen. Diese Pinsel werden in China und Japan zum Schriftschreiben verwendet. Sie führen zu einer sehr großen Sensibilität der Hand, da man vom Haarstrich bis zur breiten Pinselfläche, je nach Druck, die Möglichkeiten selbst bestimmt.

Schulpinsel

Das Schulkind sollte Borsten- und Haarpinsel besitzen. Beide haben ihren speziellen Vorzug. Der Haarpinsel ist sehr viel sensibler. Soll er seinen Zweck erfüllen, muß er mindestens eine Dicke der Nr. 10 haben. Wenn man ihn ins Wasser taucht, muß er eine schöne

26   *Fingerfiguren*

Hier führte das Zeichnen und Malen auf schnellstem Wege zum Puppentheater. Die Kinder hatten eine Geschichte gehört. Sie malten eine Figur auf Zeichenpapier (1) und schnitten sie aus (2). Hinter die Figur wurde ein kleiner Papierzylinder geklebt, eben groß genug, daß der Zeigefinger hineingesteckt werden kann (3). Aus Pappkarton wurden kleine Bühnen gebaut und bemalt (4), und schon ging es los (5)! Die Geschichte kann nun gespielt oder verändert werden.

Spitze bilden. Das darf man im Schreibwarengeschäft ohne weiteres ausprobieren, denn nur ein guter Pinsel bietet Gewähr für ein befriedigendes Arbeiten. Es ist nicht nötig, auch noch einen ganz feinen Pinsel oder gleich ein ganzes Sortiment anzuschaffen. Der dicke Pinsel hinterläßt bei geringem Druck eine ganz feine Spur, bei stärkerem ganze Farbflächen. Man zwingt das Kind damit zu einer feinfühligen Kontrolle seiner Bewegungen. Schon deshalb wäre es schön, wenn die Schulkinder auch einen Japanpinsel hätten.

Farbige Papiere / Schere

Collage

Die kubistischen Maler klebten häufig auf Papier Reste von Zeitungen, Fotos, Tapeten usw., die sie mit der Schere zuschnitten oder rissen. Viele Blätter dieser Maler sind erhalten, auf denen sie mit sehr viel ästhetischem Gefühl ihre Kompositionen aus diesen ,,vorfabrizierten Materialien" zusammensetzten, die in der neuartigen Umgebung und Zusammenstellung merkwürdig verfremdet aussahen. Man nennt diese Technik ,,Collage". In den Kunstunterricht der Schulen hat die Collage längst Eingang gefunden. Man erkannte den Vorteil, der darin besteht, daß man die Einzelteile stets neu kombinieren kann, ohne sich sofort festlegen zu müssen. Beim Malen ist eine Farbe nur durch Übermalen korrigierbar. Da man bei der Collage erst am Schluß klebt, kann man jede Stelle während des schöpferischen Prozesses laufend verändern. Man ersetzt ein farbiges Stück Papier durch ein anderes. Allzu hohe künstlerische Gestaltungsprobleme tauchen bei Kindern in diesem Alter naturgemäß nicht auf. Das ,,Papierschnipseln" und das Kleben sind Tätigkeiten, die Kinder mit wahrer Begeisterung ausführen. Am Anfang steht das Experiment. Zeitschriftenreste, Stoffe, Buntpapiere werden geschnitten und aufeinander-

geklebt. Dazu verwendet man den gleichen Tapetenkleister wie zum Farbenanrühren oder jeden beliebigen Papierkleber.

Mit zunehmender Entwicklung wird die Collage langsam organisierter. Kreise werden zu Körpern, Augen werden auf Gesichtsscheiben geklebt usf.

Die Collage ist eine Tätigkeit, der man viel Bedeutung zumessen sollte: Die Kinder üben sich im Umgang mit der Schere und müssen vor allem aus den vielen vorhandenen Möglichkeiten auswählen. Man zwingt sie, zu planen und kritisch zu überlegen. Man kann dabei vier- bis fünfjährige Kinder beobachten, wie sie souverän eine Farbe verwerfen (,,die da ist nicht schön!") und gewissenhaft nach der ,,passenden" suchen.

In die Grundschule werden häufig auch Kinder aufgenommen, die bisher noch nie zeichneten oder malten. Ihnen fehlt oft der Mut zur Farbe und zur freien Gestaltung, und damit die selbstverständliche Sicherheit der anderen Kinder. Über die Collage ist dieser Mut zu erlangen. Die Farben sind schon da, man muß sie nur verwenden. Und auch die Gestaltung schafft weniger Probleme, weil man einen nicht so gut gelungenen (Teil-) Entwurf experimentierend leicht verändern kann.

27 Drachen

,,Das Drachenbuch" von Walter Schmögner war mit großer Begeisterung aufgenommen worden. Die Kinder schwärmten geradezu von Drachen. Auch der Kleinste (3¹/₂) zeichnete seine Drachen auf ein sehr großes Papier als ,,Kopffüßlerdrachen" mit vielen Füßen. Für die anderen Kinder reichten die Papierbogen bald nicht mehr aus. Es mußten immer noch welche drangeklebt werden. Schließlich wurde aus Kartons noch ein ca. vier Meter langer Drache mit bunten Bändern gebaut. Er war fürwahr ,,raumbestimmend".

Ausführliche Informationen in: Klaus Eid/Hakon Ruprecht, Collage und Collagieren. Anregungen für Schule und Freizeit, Don Bosco Verlag, München 1979.

Mosaiktechnik?

Nicht empfehlenswert ist die Methode – die leider sehr weit verbreitet ist –, bei der die Papiere in etwa daumennagelgroße Schnipsel geschnitten werden. Aus dem – immer erheblich überkalkulierten – Vorrat wird nun das Bild mosaikartig zusammengesetzt. Die schöpferischen Entscheidungen des Kindes sind hier auf ein Minimum eingeschränkt. Es setzt das Bild zwar additiv zusammen. Formeinzelentscheidungen wie beim freien Schneiden fallen aber weitgehend weg. Man bildet den Fleiß aus, aber hierfür gibt es ökonomischere und geeignetere Ansatzpunkte.

Seidenpapiere und Buntpapiere

Für Collagen eignen sich sehr gut farbige Seidenpapiere (sie sind verhältnismäßig billig). Hierbei darf der Leim nicht sehr naß sein. Sie färben nämlich. Man kann auch auf Butterbrot- und Transparentpapier Collagen anfertigen, die, ins Fenster gehängt, Glasfensterwirkungen haben. Vor allem, wenn man außen herum als Rahmen noch dunkle Streifen klebt.
Buntpapiere gibt es in vielen Farben zu kaufen, auch in kleinen Heften mit gummierter Rückseite. Hier benötigt man ein kleines feuchtes Schwämmchen. Wenn Kinder damit arbeiten, sollte man das Heftchen auflösen und die losen Blätter anbieten, das ist übersichtlicher und anregender. Gelegentlich sind auch Collagen aus dürren Blättern und Rindenteilchen recht lustig.

Das Vorratslager

Wer im Alltag aufmerksam ist, kann für die Kinder in kurzer Zeit eine Sammlung von Collagenpapieren anlegen. Einwickelpapiere, Tapetenreste, starkfarbige Seiten aus Illustrierten, die man unterteilt, usw. In einer schönen Schachtel werden die Reste gesammelt. Ein Schraubglas mit angerührtem Tapetenkleister, einige billige Leimpinsel, Kinderscheren und Papier zum Aufkleben, mehr ist nicht nötig.

Der Arbeitsplatz

Für die freie Entwicklung des Kindes sind die vielen Verbote, die uns Erwachsenen so leicht von den Lippen gehen, sehr hemmend. Auch beim Zeichnen und Malen vermag ein häufiges „Du darfst nicht, du sollst nicht, paß auf, daß du ja nicht ...!" ein Kind so weit zu bringen, daß es die Sache ganz sein läßt.
Das soll kein Freifahrschein für jeden Unfug sein. Man muß aber dem Kind positive Möglichkeiten anbieten. Viel Papier und Stifte sind besser als das Verbot, an die Wand zu zeichnen.
Wenn das Kind einen Platz hat, wo es wirklich arbeiten darf, erübrigt sich die Einleitung zu diesem Kapitel. Es soll ein Tisch sein, nicht zu hoch, mit guter Beleuchtung. Das Kind darf sich beim Zeichnen keinen Schatten machen. Papiere, Stifte, Kreiden sollten in einer Schublade stets griffbereit sein. Viel Energie und Gestaltungswille verpufft, wenn man erst mühsam die verschiedenen Dinge zusammensuchen muß. Die angerührten Farben hält die Mama unter Verschluß, aber auch sie müßten ohne viel Aufwand zu erreichen sein. Aus naheliegenden Gründen empfehlen sich Malkittel oder Schürzen. Es gibt Kindergärten und Schulklassen, die eine entsprechend große Zahl Plastikschürzen besitzen und sie zum Malen und Werken austeilen. Ebensogut geeignet sind ausrangierte Herrenhemden, bei denen die Ärmel gekürzt werden. Die Kinder können sich gegenseitig helfen und die Hemden zuknöpfen.

Manche Familien besitzen einen Hobbyraum. Es wäre natürlich beglückend für ein Kind, im gleichen Raum arbeiten zu dürfen wie die Geschwister und Eltern. Leider aber hat das Kind in den seltensten Fällen einen eigenen, ihm angepaßten Arbeitsplatz. In den modernen Wohnungen ist oft nicht einmal Platz für einen zusätzlichen Kindertisch. So muß man Ersatzlösungen finden.

Der normale Tisch der Familie wird mit einer Plastikfolie als Tischdecke belegt, die man mit Tischdeckenklammern feststeckt, damit nichts rutschen kann. Notfalls legt man auch auf den Boden solch eine Folie (Baufolie), wenn es einmal recht feucht hergeht. Diese Folien kann man sehr preiswert in Baugeschäften und Haushaltswarengeschäften erstehen. Anfänglich werden bei diesen ,,Notstandslösungen" die Eltern noch mithelfen müssen. Später wird es für die Kinder selbstverständlich, auch von sich aus ein bißchen aufzupassen.

Die Staffelei

Es sind heute viele Arten von Kinderstaffeleien im Handel. Natürlich macht es dem Kind Spaß, auch einmal wie die großen Künstler an der Staffelei zu stehen. Nötig ist sie jedoch nicht, und als alleiniger Arbeitsplatz ist sie für Kinder im Vorschulalter sogar abzulehnen. Für das Malen an der Staffelei sollten die Kinder schon so alt sein, daß sie sich durch ein Rinnen und Tropfen der Farbe nicht entmutigen lassen. Staffeleien haben auch den Nachteil, daß man die Arbeit nicht ohne weiteres drehen kann, was Kinder so gerne tun.

Trotzdem ist das Malen an Staffeleien eine sehr willkommene Abwechslung; es konzentriert die Kinder auf seine Weise. Leider beanspruchen die Staffeleien sehr viel Platz. Aus diesem Grunde haben Firmen auch zusammenklappbare Tischstaffeleien entwickelt, die man im Schrank aufbewahren kann.

Wer ein altes Reißbrett hat, kann sehr leicht auch selbst eine Staffelei herstellen. Die Reißbretter sind auf der Rückseite durch Querlatten gegen Verwerfungen gesichert. In diesen Querlatten befinden sich Schlitze zur Aufnahme der Reißschiene, die einfach durchgesteckt werden kann. Man stellt das Reißbrett mit einer Schmalseite auf die Sitzfläche eines Stuhls und hängt die eine rückwärtige Querlatte über die Stuhllehne. Zieht man nun durch den Schlitz eine Schnur und bindet damit das Reißbrett fest, so hat man eine brauchbare und stabile Staffelei.

,,Der beste Arbeitsplatz"

Wichtiger als alle diese technischen Überlegungen sind viel Material und eine Atmosphäre, in der schöpferisches Arbeiten gedeihen kann. Eine Familie, die ihr Kind ermutigt und ermuntert, ist der beste ,,Arbeitsplatz".

Die Erzieherin, die Lehrerin, die als Partnerin ihrer Kinder auftritt und selbst Freude empfindet über die Gestaltungen, die Zeichnungen und Malereien ihrer Kinder, sie ist der beste Garant dafür, daß das Kind sich selbst unter schwierigeren Arbeitsbedingungen frei bildnerisch äußert.

Die Förderung des Kindes

„Das Hauptproblem in der Kinderzeichnung sind die Erwachsenen", stellte einmal Wolfgang Grözinger fest. Dieser pointiert ausgesprochene Satz bewahrheitet sich leider allzu häufig. Die Unwissenheit und Unvernunft, aber auch die Ungeduld und der Ehrgeiz mancher Eltern und Erzieher können die freie Entwicklung des Kindes empfindlich einschränken. Mit – zugegeben – bestem Willen zwingt man oft das Kind in eine Rolle, die ihm noch nicht oder gar nicht entspricht. Man möchte halt gerne Erfolge sehen. Der gute Erzieher braucht neben einer übergroßen Portion Humor viel Geduld und Gelassenheit, um ein Kind gewähren zu lassen, wenn es wichtig ist, und ihm zu helfen, wenn es nottut. In diesem Kapitel wird eine Reihe von Situationen besprochen, die erfahrungsgemäß beim Zeichnen und Malen mit Kindern in diesem Alter eintreten. Die meisten sind gültig für Elternhaus, Kindergarten und Beginn der Grundschule. Spezifische Probleme werden eigens angesprochen.

Vorzeichnen?

„Zeichne mir doch ein Auto!" fleht der kleine Hans seinen Onkel an. Bereitwillig schiebt der die Brille auf die Stirn (schließlich war er in der Schule ja ein guter Zeichner) und erfüllt den Wunsch. Es wird nicht nur ein Auto, es wird sogar ein Mercedes. Hans ist begeistert und fasziniert. Der Onkel kann es aber! Immer, wenn er zu Besuch ist, muß er etwas vorzeichnen. Das Kind ist dankbar. Braucht es sich doch selbst nicht mehr zu bemühen, und so gut wie der Onkel kann es ja sowieso niemand ...

Durch die bewundernde Anerkennung dieser Erwachsenenautorität verunsichert sich das Kind eigentlich selbst. Es verliert ein wenig den Mut zum eigenen Zeichnen. Die Qualität der Zeichnung des Onkels ist ja unerreichbar. Die Schwierigkeit, sich selbst ein Sinnzeichen zu schaffen und es mit zunehmender Erkenntnis zu erweitern, ist überspielt worden.

28 *Ungewöhnliche Malflächen*

Außer dem Block gibt es ungezählte andere Möglichkeiten zu malen. Hier hatten die Kinder aus Kartonteilen zusammen eine große Burg gebaut. Sie war weiß gestrichen worden und „mußte" nun bemalt werden. Es war eine aufregende Tätigkeit, die viele Diskussionen auslöste.

Styroporverpackungen hatten die Kinder auf Bild 2 bemalt. Sie klebten sie zu kleinen Häusern zusammen, in denen sie dann spielten.

Eine immer wieder beliebte Malaktion gilt alten Autos. Nach Überwindung der ersten Scheu (ein Auto bemalen!) ist die Begeisterung meist groß.

Aber wie verhält man sich da? Wenn das Kind einmal seinen Willen so deutlich geäußert hat, kann man schlecht auskommen. Nicht jeder hat die Chance, sich so aus der Affäre zu ziehen wie der Pilot im „Kleinen Prinzen" von Antoine de Saint-Exupéry, der auf den penetranten Wunsch: „Zeichne mir ein Schaf!" am Schluß eine Schachtel zeichnet und darauf hinweist, da sei ein Schaf drin. So leicht geben sich die jugendlichen „Kunstsammler" nicht zufrieden. Ich versuche diese Situation meist so zu klären, daß ich sage: „Natürlich zeichne ich dir ein Auto, aber du mußt mir auch eins zeichnen, und wir tauschen dann. Damit ist von mir aus deutlich geworden, daß ich die Zeichnung des kleinen Hans auch für sehr wichtig halte und ebenso schätze wie er die meine.

Lehrkräfte reizt es besonders, an der Tafel etwas vorzuzeichnen, „damit die Kinder wissen, wie sie es zeichnen sollen …" Wenn das Gespräch zur Einleitung der Stunde gut war, weiß das Kind genau, um was es geht. Es wird seine eigene Form finden. Es liegen andererseits genügend Zeugnisse dafür vor, wie sich die vorgezeichneten Formen geradezu epidemisch in der Kinderzeichnung ausbreiten. Es mag manchmal angebracht sein, gewisse Größenangaben als Vorschlag zu machen; hierbei geht man aber besser von der Hand des Kindes aus. Die Höhe der Hand und die Handbreite sind die natürlichsten „Meterstäbe". Ist aber eine Kompositionsangabe an der Tafel tatsächlich einmal nicht zu vermeiden, dann sollte man sie nur mit dem feuchten Schwamm zeichnen … Sie ist dann bald wieder verschwunden.

Punkt, Punkt, Komma, Strich …

Eines Tages kommt das Kind nach Hause und erklärt freudestrahlend: „Schau, was ich kann: Punkt, Punkt, Komma, Strich, fertig ist das Angesicht – mit den gro-

ßen Ohren wurden wir geboren …" Irgendein wohlmeinender Zeitgenosse hat ihm die Formel beigebracht in der sicheren Annahme, dem Kind eine Erleichterung zu geben. Wer beobachtet hat, wie nach dieser gerne übernommenen Formel die Darstellung der Gesichter ins Schemenhafte absinkt, wird dem geheimen Miterzieher der Kinder nicht überaus dankbar sein. Der Reichtum der Formerfindung, z. B. am Auge (Pupille, Iris, Mandelform des Auges, Wimpern, Tränendrüse, Adern, Augenbrauen), ist mit einem Male auf einen Punkt zusammengeschrumpft. Derartige Formeln können nur von Erwachsenen erfunden werden, die von Kinderzeichnungen nichts verstehen. Da gibt es Osterhasen aus Eiformen, Vögel, die ein geschwungenes V darstellen, usw. Kein Kind würde jemals von sich aus einen Vogel so zeichnen. Es weiß viel zuviel über ihn, um seine Vorstellung auf eine solch unsinnige Formel zusammenschrumpfen zu lassen. Untersuchungen haben gezeigt, daß diese Formeln von Zwölfjährigen immer noch gedankenlos angewendet

29 Malaktionen

Bei Stadtteilfesten, Festen von Bürgerinitiativen und aus anderen Anlässen finden immer wieder Malaktionen für Kinder statt. Sie können ungeheuer viel Spaß machen, wenn genügend Material und Betreuer da sind.
Hier (1 – 3) wurden große Styroporwürfel bemalt und anschließend zu immer wechselnden Architekturen zusammengebaut. Da gab es Mauern, Tore, Triumphbogen, Häuser usw.
Auf Bild 4 malen Kinder eine große Figur auf den Asphalt. Sie waren gut aufeinander eingespielt!

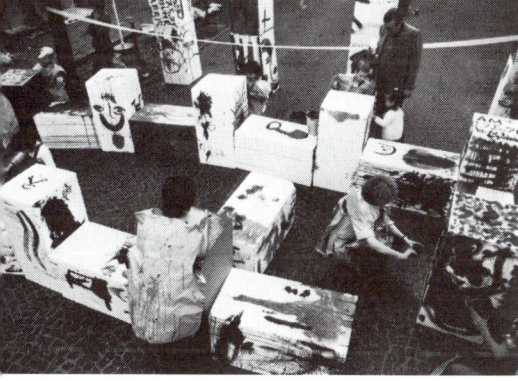

werden. Das heißt, daß eine Auseinandersetzung mit diesem betreffenden Gegenstand seit der mittleren Kindheit nicht mehr stattgefunden und der gestalterische Niederschlag sich seitdem nicht mehr geändert hat.

Es gibt Bücher, die Seite um Seite solche Formeln anbieten. Sie haben riesige Bestsellerauflagen erreicht. Mir wird ganz schwindlig bei dem Gedanken, wie viele kindgemäße Entwicklungen der Bildsprache hierdurch abgeblockt worden sind. Eltern, die ihren Kindern Derartiges kaufen, sind sehr schlecht beraten. Die Ausrede ,,Kinder mögen das so gerne" überzeugt nicht. Auf Bequemlichkeit allein kann man keine Erziehung aufbauen.

Korrigieren von Fehlern

Es sei noch einmal gesagt: Naturalistisches Beobachten und Zeichnen tritt erst im Alter der Pubertät auf. Vorher gestalten die Kinder vom Erleben her. Wir sprachen von Ausdrucksproportionen. Wenn also ein Kind die Proportionen eines Gegenstands offensichtlich falsch zeichnet, bedeutet das eine Stellungnahme zum Wesen des betreffenden Objekts. Das Kind sagt: ,,Das bedeutet es für mich."

,,Fehler" und ,,falsch" sind Begriffe aus der Welt des Erwachsenen, die dessen Augen und Verstand voraussetzen. Wenn eine Kinderzeichnung nicht perspektivisch sein kann, dann ist es unsinnig, einem Kind zu erklären, daß die Häuser nach hinten kleiner und die Straßen enger werden. Es wird manche dieser Formen in seine Zeichnung übernehmen, aber die Erfahrung zeigt: nun tatsächlich völlig falsch. Jetzt allerdings stimmt der Ausdruck ,,Fehler". Das gleiche gilt für die Farbwahl. Vor allem die Größenverhältnisse der Dinge (großes Kind – kleines Haus ...) reizen einen oft, eine Änderung vorzuschlagen. Solange das Kind aber nicht

selbst fragt, sollte man auf diesen ,,Irrtum" nicht aufmerksam machen, und wenn, dann auf einem Umweg. Das läßt sich aber besser im folgenden Abschnitt erklären.

Kindliche Fehler?

Die gibt es durchaus. Stefan hat sich selbst gezeichnet: den Kopf, den Bauch, die Beine; nur die Arme hat er weggelassen. Das mag verschiedene Gründe haben. Er war vielleicht müde, oder etwas hat ihn abgelenkt. Vielleicht waren im Moment nur die Beine von Bedeutung, und so hat er die Arme vergessen. Das könnte man als Konsequenzfehler bezeichnen. Nun geht es darum, ihn darauf aufmerksam zu machen. Niemals auf diesem Wege: ,,Du hast ja die Arme vergessen!" oder noch schlimmer: ,,Mal doch noch die Arme!" In kürzester Zeit wäre Stefan in der Situation, daß er sich bei jeder Zeichnung nur noch die Instruktionen holen würde: ,,Was soll ich jetzt noch hinzeichnen?" Man sollte das Kind vielmehr zuerst loben und dann z. B. sagen: ,,Stefan, überleg einmal, wenn du jetzt auf deiner Zeichnung einen Stock aufheben möchtest, wie würdest du das machen?" Man würde also das Kind zu einer Überlegung anregen, die den ,,Fehler" konsequenterweise deutlich macht. Stefan würde vielleicht sagen: ,,Da muß ich ja noch die Arme hinzeichnen, sonst könnte ich den Stock gar nicht halten."

Diese Art, ein Kind beim Zeichnen und Malen zu fördern, ohne ihm die eigentliche Aufgabe abzunehmen, sollte man in jedem Fall auch in der Grund- und Hauptschule verwenden. Sie erfordert von der Lehrkraft sehr viel Takt und Fingerspitzengefühl, ist aber auf die Dauer allein wirksam.

„Was soll ich zeichnen?"

Manchmal wissen Kinder nicht, was sie zeichnen sollen, d. h., kein Einzelerlebnis ist so stark, daß es sie zur Gestaltung anreizt. Sie möchten aber gerne zeichnen. Hier stellt sich die Aufgabe, im Gespräch eine jüngst erlebte aktuelle Situation ins Gedächtnis zu rufen. „Du warst doch gestern beim Schlittenfahren mit dem Hansi, was ist denn da passiert? Ist euch da nicht der Hund des Nachbarn nachgesprungen, als ihr unten angekommen seid? Da habt ihr doch alle sehr gelacht ..." Also nicht: „Zeichne doch, wie du auf dem Schlitten sitzt und ..." Während der Unterhaltung muß ein Erlebnis deutlich werden. Plötzlich „zündet" es beim Kind: „Das zeichne ich!"
Es mag sein, daß das Kind mitten im Zeichnen nicht mehr weiter weiß. In der Schule kommt dieser Fall sehr häufig vor. „Jetzt weiß ich nicht mehr, wie ich den Schlitten zeichnen soll!" – Ein für den Erzieher verfänglicher Augenblick! Es juckt in den Fingern, mit ein paar Strichen „draufzuhelfen". Man wird sich aber die Mühe machen müssen, mit dem Kind zu überlegen, wie so ein Schlitten gebaut ist. Was wichtig ist zum Fahren, worauf man sitzt, wie das wohl befestigt ist usf. Das Kind wird diese Einzelheiten nicht alle zeichnen, aber der Schlitten ist ihm „klargeworden", und gemäß seiner Entwicklungsstufe wird es eine Form finden.

„Ich kann nicht zeichnen!"

Ein überaus häufiger Satz der Erwachsenenwelt! Wenn nämlich die Bildsprache nicht gefördert wird, bleibt sie beim etwa Zwölfjährigen stehen. Sie entwickelt sich auch beim Erwachsenen nicht weiter. Gut verständlich, daß man dann nicht gerne zu dieser Bildwelt ja sagt. Lieber sagt man halt: „Ich kann nicht zeichnen."

Nun ist in vielen Untersuchungen zur Bildsprache nachgewiesen, daß niemand diesbezüglich unbegabt ist. In den allermeisten Fällen ist das Schöpferische schon im Elternhaus oder Kindergarten und häufig in der Schule nicht (genügend) gefördert oder durch unpädagogische Behandlung verschüttet worden. Bei Kindern mit ihrer „Bildermächtigkeit" (Meyers) ist der in der Überschrift angesprochene Satz sehr selten. Es drängt sie normalerweise selbst zum Bild. Gelingt es aber auf allen Umwegen nicht, ein Kind zum Zeichnen und Malen zu bewegen, kann man daraus schließen, daß seine Verkrampfung evtl. durch falsche Behandlung eingetreten ist. Man wird versuchen müssen, über ein anderes Material, vielleicht Knetmasse oder dergleichen, die Entwicklung wieder in Gang zu bringen. Das Kind braucht auf irgendeinem anderen Gebiet das Bewußtsein, daß es etwas schafft, daß es etwas fertigbringt, was es sich vornimmt, und vielleicht, daß die anderen das auch zur Kenntnis nehmen.

„Schau, die Esther schmiert!"

Manchmal tauchen Probleme in altersgemischten Kindergruppen oder in Familien mit mehreren Kindern auf, wenn ältere Kinder ihren Vorsprung in den zeichnerischen Fertigkeiten dadurch ausnützen, daß sie darauf hinweisen, daß die Jüngeren das noch nicht so gut können. „Die Esther kritzelt ja nur!" Das ist nicht ganz einfach, weil die Esther ja tatsächlich feststellen kann, daß das Zeichnen dem älteren Bruder viel leichter von der Hand geht. Die Schwierigkeit besteht nun darin, dem älteren Bruder klarzumachen, daß auch er innerhalb einer Entwicklung steht und daß er, als er so alt war wie die kleine Esther, auch nicht besser, vielleicht sogar schlechter gezeichnet hat. Das kann man am besten dann nachweisen, wenn man die Zeichnungen der Kinder gesammelt hat und auch entsprechend beschriftete. So kann man dem Älteren die Zeichnungen vorführen, die er machte, als er so alt war wie die Esther jetzt. Er wird dann bald feststellen, daß das Gebiet der Kritik in diesem Fall für ihn nicht besonders einträglich ist. Das Geltenlassen der jüngeren Kinder ist eine ganz wichtige Lernerfahrung im Kindergarten, die man besonders über die schon erwähnten Gemeinschaftsarbeiten herbeiführen kann.

„Ist das ein Auto, in dem ein Mann sitzt?"

Das so angesprochene Kind kontert beleidigt: „Das ist doch kein Auto, das ist ein Traktor, und außerdem sitzt der Mann drauf!" Man nimmt als Erzieher zur Kenntnis, daß man keine Suggestivfragen stellen soll. Kinder reagieren sehr häufig gereizt, wenn man sie fragt: „Was hast du denn da gezeichnet, was ist denn das?" Für sie ist das Zeichnen und Malen eine ebenso selbstverständliche Äußerung wie das Sprechen. Während nun die Erzieherin, die Mama oder der Papa das Kind sprachlich ohne weiteres verstehen, wollen sie anscheinend – so muß es das Kind wohl wahrnehmen – die Zeichnung nicht verstehen. Das ist ärgerlich, deshalb reagieren sie auch so.

Manchmal sind die Zeichnungen aber so kompliziert, oder man ist selbst noch längst nicht so „eingelesen" in das Interpretieren von Kinderzeichnungen, daß man gerne wüßte, was das Kind da gemacht hat. Wenn wir es nun direkt fragen, kommen wir in Schwierigkeiten. Wir werden versuchen müssen, es indirekt zum Sprechen zu bringen. Man fragt am besten „um die Ecke herum": „Da hast du aber ein großes Blatt vollgezeichnet, was hast du denn da zuerst gezeichnet?" Oder: „Das ist ja eine tolle Maschine, die du da gezeichnet hast, wie wird denn die gelenkt?"

Das könnte vielleicht der Ausgangspunkt für eine längere Unterhaltung werden. Manche Kinder sprechen überhaupt sehr gerne beim Zeichnen, und es ist bestimmt ein schönes Geschenk zum Geburtstag oder zu Weihnachten, wenn die Mama oder die Oma einige Zeichnungen der Kinder oder Enkel bekommen mit einer kleinen Tonbandaufzeichnung, was die Kinder dabei alles gemeint haben.

Lob und Tadel

Ein Kind, das etwas geleistet hat, ist mit Recht darauf stolz und verdient auch Anerkennung. Das soll aber nicht so weit führen, daß jeder Strich von Hymnen der Bewunderung begleitet sein muß. Zeichnen und Malen sind viel zu selbstverständliche kindliche Äußerungsformen, als daß man das Kind durch ständiges Lob zum Star oder Künstler machen sollte. Das wirkt sogar

30 *Einfache Gemeinschaftsarbeiten*

Die oben abgebildete Arbeit ist ca. vier Meter breit. Die Kinder hatten sich gemalt (wir spielen alle in unserer neuen „Puppenbühne"). Nachdem sie ihre Bilder ausgeschnitten hatten, wurde gemeinsam beraten, wer sich wohin kleben sollte. Der Jüngste wollte seine Figur nicht ausschneiden, so wurde von ihm das ganze Blatt aufgeklebt (rechts unten). Anschließend übernahm jedes Kind ein Stück Rahmen. Die Abbildung 2 zeigt einen kleinen Ausschnitt aus einem etwa drei Meter hohen Baum. Einige ältere Kinder hatten den Baum gemeinsam gemalt und auch schon Blätter und einige Tiere hineingesetzt. Im Verlauf der nächsten Wochen malten alle Kinder immer wieder Blüten und Tiere, schnitten sie aus und klebten sie in den Baum, der so immer schöner wurde.

eher lähmend. Man kann sein Lob ja auch differenzieren, indem man besonders geglückte (vom Kind aus!) Teile der Zeichnung hervorhebt. Es genügt ja auch schon, wenn man sagt: Das gefällt mir sehr gut; ich finde, das ist dir sehr gut gelungen ...
Sehr schlecht ist es, wenn ein Kind für ein Blatt Lob erhält, das es selbst nicht für gelungen hält: ,,Da hab ich mich aber gar nicht geplagt, das find ich aber gar nicht schön ...'' Aber so gut kennt man ja wohl seine ,,Pappenheimer'', daß so etwas nicht so leicht vorkommt. Das Lob auch für die guten Blätter ist sonst sehr schnell ,,inflationiert''. Kinder sind durchaus empfänglich für Kritik, sie muß nur taktvoll sein. Nach lobenden Worten schmeckt der Tadel besser. Da unterscheiden sich Erwachsene und Kinder nicht. Das Kind wird einsehen, wenn es sich gar keine Mühe gegeben hat. Das ist aber wohl selten der Fall. Das Lob wird stets überwiegen. Die Kinder brauchen Anerkennung, die ihnen Mut und Selbstvertrauen gibt.

Das Sammeln von Kinderzeichnungen

Man sollte die Arbeiten der Kinder selbstverständlich sammeln. Wenn man Kinderzeichnungen lesen kann, erhält man so sehr schöne Dokumente über die Entwicklung und das Wachsen der Interessen des Kindes. Im Kindergarten und in der Schule empfiehlt sich die Anlage einer eigenen Sammelmappe für jedes Kind. Diese Mappen dürfen aber nicht zu klein sein. Es stimmt immer wieder traurig, wenn man feststellen muß, daß in vielen Kindergärten noch das Schreibmaschinenpapierformat vorherrscht, weil man das bequem in einem Ordner einheften kann. Hier wird wirklich an der falschen Stelle gespart.
Man sollte die Sammlung etwas unauffällig anlegen. Sie gerade dürfte kein Anlaß für den überzogenen Stolz der kleinen Maler sein.

Damit die Sammlung sinnvoll ist, müssen die Blätter beschriftet werden. Bitte, *nie* in die Kinderzeichnungen hineinschreiben! Wie viele wunderschöne Blätter der Kinder sind in ihrer Grundaussage zerstört worden, nur weil wohlmeinende Erwachsene vorne draufschreiben: ,,Hund, Baum, Haus, Mauer'' usw. Ich finde es auch eine Taktlosigkeit der kindlichen Schöpfung gegenüber. Beschriften soll man die Rückseite des Blattes. Wenn das Blatt wirklich so kompliziert ist, daß man nicht genau ausmachen kann, was einzelne Teile bedeuten, so kann man das Blatt ja gegen das Licht halten und auf der Rückseite an der entsprechenden Stelle schreiben: Turm, Hundehütte usw. Vorne sollte höchstens der Name stehen. Hinten Name und Thema. Wenn das Kind seine Zeichnung erläutert hat, sollte man ein Kurzprotokoll anfügen. Wer sich auf sein Gedächtnis in diesen Dingen verläßt, wird fast immer enttäuscht. Im Kindergarten und in der Schule ist dieses Protokoll aus Zeitgründen meist nicht durchführbar. Bei besonders interessanten Blättern sollte die Lehrkraft dieses Opfer aber bringen. Im allgemeinen werden dort nur Name, Thema und das Datum stehen können.
Im Familienkreis, in dem man für das einzelne Kind mehr Zeit hat, setzt man statt des Datums besser die Altersangaben ein.

31 *Martinszug*

Eine Gemeinschaftsarbeit, an der alle teilnehmen können! Eine lange Packpapierbahn (mindestens vier bis fünf Meter) wird ausgerollt. Da in einem Zug ein Kind hinter dem anderen geht, ist für jedes Kind Platz, auch für die ganz kleinen.

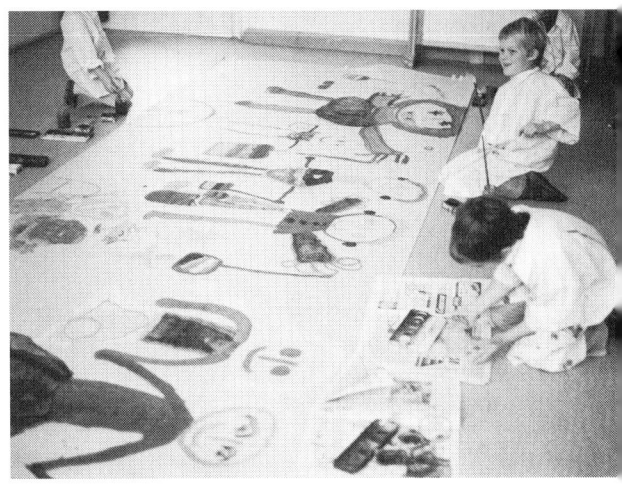

Das erspart beim späteren Anschauen viel Zurück-rechnen zum Geburtstag. So könnte folgendes auf der Rückseite des Blattes stehen: Maria 5/3 (5 Jahre, 3 Monate), „Ich und der Hund Struppi" / „Der Struppi hat ein Halsband, daran hängt eine Blume, die ist hängen-geblieben, weil er durch unser Blumenbeet geschlüpft ist."

Die eingerahmte Kinderzeichnung

Gelegentlich malt das Kind ein besonders schönes Blatt. Man möchte es gerne aufhängen. Hier muß man einige Vorsicht walten lassen. Das Kind ist auf eine solche Auszeichnung natürlich sehr stolz. Es schließt messerscharf, daß alle Arbeiten, die ähnlich ausse-hen, ebenfalls die Bewunderung der großen Leute er-regen werden. Es beginnt möglicherweise, sich selbst zu kopieren. Bei sensiblen Kindern wurde deshalb manchmal geradezu ein Stillstand in der Entwicklung festgestellt.

Sind mehrere Kinder da, so werden die anderen die Zurücksetzung als schmerzlich empfinden. Ich ent-sinne mich, daß ich einmal in einem Kindergarten an der Wand einige besonders schöne Kinderzeichnun-gen hängen sah. Ich betrachtete sie eingehend. Neben mir stand ein kleiner Bub, der sie auch ansah. Ich sagte zu ihm: „Mir gefallen diese Malereien sehr gut. Wel-ches Bild hast denn du gemalt?" „Ich hab keins ge-macht", sagte er sehr traurig. Ich wollte ihm eine Brücke bauen: „Du warst sicher damals nicht da, als das gemalt wurde?" „Doch, ich war schon da, ich hab auch eins gemalt", sagte er fast trotzig, aber zugleich auch deprimiert. Ich brauchte ihn nicht weiter zu fra-gen. Die Erzieherin hat durch das Bevorzugen der Ar-beiten einiger Kinder diesen Buben demoralisiert.

Wenn man in der Familie Zeichnungen aufhängt, ist es besser, für die Kinder Wechselrahmen zu haben, da-mit sie vielleicht sogar ohne fremde Hilfe selbst ihre neuesten Werke ausstellen können.

Am einfachsten ist es – auch für den Kindergarten und die Schule –, eine große Pinnwand oder zumindest eine Bilderleiste anzubringen. Dort werden von jedem Kind Arbeiten ausgestellt. Keines wird zurückgesetzt. Qualitative Unterschiede werden vom Kind auch selbst wahrgenommen. Ein Kind aber, das man nicht einbe-zieht, verliert vielleicht für immer den Mut. Wenn man Erwachsene, die „nicht zeichnen, nicht singen usw." nach den Ursachen fragt, stößt man häufig auf einen Lehrer, der gedankenlos einmal sagte: „Das kannst du ja sowieso nicht."

32 *Omnibus*

Ein großes Werk! Wir planten ein neues großes Bild, an dem alle mitarbeiten konnten. „Omnibus" wurde vorgeschlagen. Das Thema fand begeisterten Anklang, da alle Kinder „ein-schlägige" Erfahrungen hatten. Zunächst werden die Fen-ster aufgezeichnet, für jedes Kind eines, dann wird die Wand rot ausgemalt. Voller Übermut erfinden die Kinder ein „Om-nibuslied" und marschieren im Sprechgesang um den Bus herum. Schließlich malt sich jedes Kind in sein Fenster. Der fertige Bus ist Anlaß zu stolzer Betrachtung. Die Mütter be-wundern das Ergebnis auch entsprechend. Nach dem Ma-len spielen die Kinder ohne Erwachsenenanregung ein Om-nibusspiel.

Förderung des Kindes in der Schulklasse

Auf die ungeheuere Umstellung, die der Schuleintritt für ein Kind bedeutet, wurde schon in wenigen Worten hingewiesen. Allein die Tatsache des Wettbewerbs, in den das Kind nun eintritt, schafft viele neue Probleme. Beim Zeichnen und Malen hat die Lehrkraft sehr gute Möglichkeiten, mit dem einzelnen Kind individuell zu sprechen und es gezielt zu fördern. Hier gelten fast alle bisher erwähnten Punkte. Damit aber diese Individualität des Kindes und die Einzelgespräche überhaupt möglich sind, darf ein Thema nicht von vornherein zu eng angegangen werden. Das Kind darf durch das Lehrgespräch nicht in vorgefertigte Lösungen hinein-manipuliert werden. Zu vergessen, daß man hier auf einem Gebiet der Kreativität und Phantasie tätig ist, bei dem viele Lösungen möglich und keine allein richtig ist, wäre sträflich. Trotzdem wird es manchmal gut sein, mit den Schülern über ein ganzes Klassenergebnis zu sprechen. Dabei muß allerdings eine Frage verboten sein: „Welche Arbeit gefällt euch am besten?“ Ich erinnere mich, daß eine junge Lehrkraft diese Frage stellte und die Kinder mit noch ungeknickt positiver Selbsteinschätzung im Chor sagten: „Meine!“ Es wäre schön, wenn dieses Selbstbewußtsein erhalten werden könnte. Daß die Frage: „Welche Arbeit ist am schlechtesten?“ ebenso unmöglich ist, braucht sicher nicht erwähnt zu werden. Die Fragen sollen positiv sein. „Was ist eigentlich an der Lokomotive, die Peter gemalt hat, so besonders interessant?“

Die Schüler machen sich selbst sehr realistische Gedanken darüber, wie sie im Gesamtgefüge der Klasse rangieren. Wirklich steigern kann man sie nur, wenn man ihnen Vertrauen in ihre Eigenleistung verschafft. Eine gute Lehrkraft wird sich deshalb Fragen überlegen, bei denen der schwächere Schüler auch einmal Pluspunkte bekommt.

Die beste Förderung

Die beste Förderung kann ein Kind in einer Familie, einem Kindergarten oder einer Schulklasse erfahren, wenn es sich wohl und geborgen fühlt und dabei ernst genommen wird. Dann wächst sein Vertrauen zu sich und zu seiner Umgebung. Das ist die sicherste Voraussetzung für ein fröhliches, befreites und befreiendes Zeichnen und Malen. Sollte das Kind das Glück haben, Eltern und Erziehern zu begegnen, die selbst Freude am Schöpferischen haben, die selbst in irgendeiner diesbezüglichen Weise aktiv sind, so wird man in dieser partnerschaftlichen Tätigkeit bald eine Art Werkstattatmosphäre erleben, bei der Zeichnen und Malen etwas ganz Selbstverständliches sind.

Das Kind begegnet vielen gestalteten Bildern, mit denen es sich auseinandersetzt. Diese Bilder können es bereichern und anregen. Sie können die Bildung der eigenen Phantasie auch hemmen und behindern. Deshalb sollten die Erwachsenen sehr sorgfältig darauf achten, mit welchen Bildern das Kind sich beschäftigt und daß es das auch nicht nur oberflächlich tut. Die Flut von Bildern, die täglich auf uns und unsere Kinder hereinstürmt, verhindert eben das Verweilen und intensive Beschäftigen mit ihnen.

Bilderbücher

Heute gibt es sehr viele ausgezeichnete Bilderbücher. Leider auch mindestens ebenso viele schlechte. Beim Kauf von Bilderbüchern sollte man sehr genau überprüfen, ob man nicht zu leicht vom eigenen Geschmack geleitet wird. Viele Bücher, die wir Erwachsene hübsch finden, sind für Kinder schwer faßbar. Die Bilder müssen verständlich sein, die Bildwelt muß vereinbar sein mit der Vorstellungswelt der Kinder. Die Kinder und ich haben im Kindergarten immer wieder zusammen Bilderbücher betrachtet, uns darüber Gedanken gemacht, nachher zusammen gemalt. Eine ganz aufregende und folgenreiche Begegnung war eine Stunde Beschäftigung mit dem Drachenbuch von Walter Schmögner. Sie löste geradezu eine Epidemie von Drachenmalereien, Drachenbasteleien und Überlegungen um das Thema Drachen herum aus. Im Rahmen unserer Thematik kann dieses Thema nicht weiter behandelt werden; nur eine Anregung sei

erlaubt. Bei Elternabenden im Kindergarten und in der Schule sollten von Zeit zu Zeit Ausstellungen vorbildlicher Bilderbücher (und möglichst auch von Spielzeug) veranstaltet werden. Die meisten Eltern sind für Tips und Erläuterungen in dieser Hinsicht dankbar. Buchhandlungen sind meist gerne bereit, solche Ausstellungen aufzubauen. In manchen Kindergärten wird auch ein Erfahrungsaustausch von Eltern untereinander durchgeführt, wobei Mütter und Väter berichten, welche Bücher auf ihre Kinder ganz besonders stark und nachhaltig gewirkt haben.

Malbücher

In unserem Zusammenhang sind die Malbücher von größerer Bedeutung. Von Onkel und Tante, beim Schuhkauf und auf der Sparkasse, von überall her bekommen die Kinder Malbücher geschenkt. Viele Erzieher sind der Meinung, das Kind bekomme dabei Anregung für das eigene Malen, der Mut zur Verwendung kräftigerer Farben bilde sich aus, zudem bekomme das Kind seinen Bewegungsapparat schneller unter Kontrolle.

Zunächst sei festgestellt: Ein normales Kind braucht keine bildnerischen Anregungen in Form von festen Bildern, die es wiederholt. Es braucht höchstens Anregung im Vorstellungs- und Erlebnisbereich. Von hier aus wird es seine Aussage formsicher und deutlich finden.

Das Zeichnen bedeutet für das Kind Bewältigung und Aneignung der Welt, Abreaktion von Erlebnissen, Klärung von Vorstellungen und Zusammenhängen. All das kann ihm kein noch so gutes Malbuch bieten (und die meisten sind sehr schlecht!).

Viele Untersuchungen haben gezeigt, wie Kinder, die viel in Malbüchern malen, die Lust und die Fähigkeit verlieren, selbst zu gestalten. In den Schulklassen versuchen sie dann voller Verkrampfung Bilder zu wiederholen, die sie aus Malbüchern kennen. Das kann ihnen aber nicht gelingen, weil die Bilder nicht ihrer eigenen Formenwelt entstammen. Die Kinder werden über den unverdauten Formen steril. Die meisten Erzieher können wohl diese Beobachtung aus ihrer Praxis bestätigen.

Das Kind wird ver-bildet

In einem solchen Malbuch ist häufig auf zwei gegenüberliegenden Seiten das gleiche Bild, einmal farbig und einmal als Umrißzeichnung angebracht. Das Kind ist aufgefordert, die Farben dem Vordruck gemäß zu ,,wählen" und auf die Zeichnung zu übertragen. Jedes Kind verwendet aber die Farben beim Malen, die seinem Temperament und seinem Wesen entsprechen. Man zwingt also das Kind, etwas gegen sein Wesen zu tun. Mut zur Farbe gewinnt das Kind nur, wenn es vom Thema und nicht von Formalismen gefordert wird.

Die Selbstdisziplin kommt von innen

Zur Frage der Selbstdisziplin, zu der angeblich das Malen in Malbüchern erzieht (weil das Kind mit seinem Stift oder der Kreide innerhalb der vorgedruckten Linien bleibt), gibt es ebenfalls viele interessante Beobachtungen. Das Kind malt nämlich mit wesentlich größerer Sorgfalt innerhalb von Linien, die es selbst gezogen hat und die für es selbst auch von Wichtigkeit sind. Hier übt es Selbstdisziplin ganz freiwillig – sie kommt nicht von außen. Es ist vom Bildnerischen her kein Standpunkt einzusehen, von dem aus Malbücher nütz-

33 Angst

33.1: Tonbandprotokoll (Junge, 6 J.)
,,*Wie ich einmal sehr Angst hatte*"

Da ist ein böser Mann, der will einen mitnehmen, und das ist das Haus. Da ist Nacht. Da ist der Regen und der Donner. Der Mann geht bis in die Straße herein. Der Mann ist so böse, weil er so grimmig schaut und weil er den am Hals hält. Das Haus sieht so aus, als wenn es zwei Augen hätte und den Mund und das Kinn.
Wenn jemand sagt: ,,Geh mit, ich hab daheim ein großes Eis", dann stimmt das gar nicht. Da geht man lieber nicht mit. Oder wenn einer sagt: ,,Da hinten ist ein Pferd. Magst reiten?" – da darf man auch nicht mitgehen. Oder bei ,,Spielsachen" oder bei einer ,,großen Eisenbahn".

33.2: Tonbandprotokoll (Junge, 6 J.)
Angsttraum

Also das hier: Der will die einsperren. Die schreien. Es ist heiß, und sie können nicht raus. Das ist das Haus, und der meint, es fällt zusammen. Er hat sie mitgenommen.
Dann kommt der andere und will sie wieder rausholen. Er kann sie nicht rausholen, weil zugesperrt ist. Und außerdem ist eine Mauer davor.
Der hier kommt und fürchtet sich sehr und denkt dann, in das Haus soll ich einbrechen. Das gelingt ihm nicht. Er schubst die dann raus und hat zu denen gesagt: ,,Ihr braucht keine Angst zu haben. Da steht doch euer Vater." Da haben sie gesagt: ,,Wir wollen aber raus!" Das ist nämlich nicht der Vater. Der andere will dann mit dem Holz da reinstoßen. Aber das gelingt ihm nicht. Da will er da rüber gehen, aber da ist wieder eine Mauer davor. Und das sind die Gebüsche. Und das ist noch eine Mauer.
Und da hat der gesehen, daß alles bunt ist. Da hat er gemeint, das ist Feuer. Da hat er alles ausgelöscht.

BERND

lich sein sollen. Verantwortungsbewußte Eltern und Erzieher lehnen es ab. Sollte das Kind so ein Malbuch geschenkt bekommen –, es läßt sich halt nie ganz vermeiden –, dann geben Sie ihm gleich eine Schere dazu und etwas Klebstoff. Das Schneiden ist eine sehr schöne Tätigkeit, denn man kann vieles zusammenkleben. Auf diese Weise landet das Problem sehr schnell im geeigneten Behälter – dem Papierkorb! Im übrigen ist es in jedem Falle klüger, Malmaterial zu schenken: Farben, Stifte, Pinsel, Papier. Ein dankbares Feld der – vorsichtigen – ,,Erziehung" von Großeltern, Onkeln, Tanten, Freunden und Besuchern!

Das kreative Malbuch

Es gibt auch kreative Malbücher. Leider sind sie sehr selten. Es gab Malbücher, in denen Bilder begonnen waren und die Kinder aufgefordert wurden, weiter zu malen. Ich finde sie zu manipulativ. Das Kind ist auf das Thema festgelegt. Es gibt aber Blätter mit Reizformen. Auf einem Blatt ist nur ein Kreis angebracht. Dieser Kreis kann sehr vieles bedeuten, und das Kind ist angeregt, das Bild seiner eigenen Phantasie entsprechend zu ergänzen. Es kann ein Ball, das Rad von einem x-beliebigen Fahrzeug, ein Kopf usw. sein. In anderen Malbüchern finden sich auf einem Blatt nur einige Wolken. Hier ist also das Thema Himmel, Luft usw. vorgegeben, oder es sind einige Wellen aufgemalt. Ausgangs- und Reizformen, die ein Kind normalerweise nicht bräuchte, die aber manchmal einen ,,Stups" zu eigenen Ideen bedeuten können. Max Kläger aus Heidelberg hat einmal einige interessante Malbücher erfunden, die sehr gut geeignet waren, die Phantasie der Kinder anzuregen. Sie gaben eben nur Anstöße. Da sah man auf einer Seite z. B. einige merkwürdige Spuren eines geheimnisvollen Tieres, und genau dieses Tier sollten die Kinder erfinden.

34 *Streit und Traum*

34.1: Tonbandprotokoll (Junge, 6 J.)
Streit
,,*Die zwei streiten sich, und da hinten ist das Haus von denen, das ist bloß so weit weg, daß man es so klein sieht. Und da scheint die Sonne. Wie es dunkel wird, sollen sie nach Hause kommen. Und das ist die ganze Wiese. Und der steigt dem auf den Fuß. Der sagt: ,Aua', und der packt ihn dann und haut ihn rum.*
Damit man sieht, wie die streiten, habe ich den Mund so gezeichnet.
Die streiten, weil der eine Recht hat und der andere nicht! Der möchte aber schon Recht haben. Und der kleinere gewinnt."

34.2: Tonbandprotokoll (Junge, 6 J.)
Traum
,,*Da hab ich eine Ritterburg gemalt. Über den König. Der spricht gerade und sagt: ... und der da sagt: ,Chef, ich habe eine wichtige Nachricht. Die Feinde greifen an. Aber einer von uns hat ein Messer reingesteckt, und der ist jetzt tot. Und der ist auch einer von uns und hat hinten eine Kanone reingeschmissen. Dann war er auch tot, und das Pferd, das schmeißt den Reiter runter von den Feinden, und dann wird das Pferd verrückt, und einer von den Feinden ist auch tot. Und die da schießen sie alle tot. Und einer von denen ist blau, blaues Gesicht und weißes Gesicht.'*
Das ist so zu Ende gegangen, daß alle Feinde tot sind, und einer ist von denen tot. Und ich bin aus dem Bett geflogen, und da hab ich mit dem Fuß zugehauen – da ist einer, hab ich gemeint. Und dann hab ich ihn getroffen und hab so mit der Faust zugehauen. Eigentlich hab ich an den Schrank gehauen. Aber das hab ich gar nicht gespürt."

Oder eine wunderbare schöne Feder, die angeblich aus dem Federkleid eines Paradiesvogels stammte. Diesen sollten die Kinder malen. Im Grunde waren diese Reizformen und Anregungen nichts anderes als ein gut geführtes Gespräch, das Kinder in eine Thematik einführt.

Die Bilderwand

In Zeitschriften, Kalendern und Zeitungen tauchen immer wieder Bilder auf, die Kinder begeistern, die ihnen etwas bedeuten können. Tiere, andere Kinder, Kindern verständliche Szenen, z. B. wie andere Menschen sich kleiden, wie sie wohnen, Landschaften auf der Erde, Bilder aus dem All usw. Man sollte keine Mühe scheuen, diese Bilder mit den Kindern zu besprechen. Es ist häufig erstaunlich, welch ein Denkanlaß so ein Blatt sein kann. Da wird erzählt und kombiniert. Es sind richtige Reizbilder. Und da wird auch gesehen und geschaut, und vom allgemeinen her wird das Detail interpretiert.

Man kann feststellen, daß solche Bilder sehr lange in der Erinnerung der Kinder bleiben. Manche besitzen einen reichen Fundus von Bildern, über die sie sprechen können und möchten.

Viele Familien geben deshalb ihren Kindern die Möglichkeit, solche Bilder öfter oder länger zu betrachten. Sie kaufen dem Kind ein großes Heft, in das die Bilder eingeklebt werden. Dieses eigene Bilderbuch steht meist hoch im Kurs und wird immer wieder hervorgeholt und betrachtet. Andere bringen im Kinderzimmer eine Leiste an, an der die Bilder befestigt werden. Bewährt hat sich auch eine Bilderwand. Eine weiß gestrichene Dämmplatte an der Wand wird zur ständigen Ausstellungsfläche, oder man klebt auf die Wand eine sog. Thermopete, eine Tapete mit Hartschaumverstärkung. Dort dürfen die Kinder ihre liebsten Bilder mit

35 Träume: fröhlich und traurig

35.1: Tonbandprotokoll (Mädchen, 6 J.)
Wie ich einmal ganz fröhlich war ...
,,Ich hab eine Geschichte gemalt, wie ich getanzt habe, weil Mai war.
Da ist der Maibaum, da ist der Maikranz, und da oben ist der Gockel.
Da ist die Schublade offen.
Das ist der Becher, das ist der Schlosser.
Ich hab ein Dirndl an, man sieht es an der Schürze und an der Schleife.
Ganz schön lang sind die Haare. Da hab ich auch zwei Schleifen dran.
Den Maibaum haben wir im Kindergarten selbst gemacht."

35.2: Tonbandprotokoll (Mädchen, 6 J.)
Wie ich einmal sehr traurig war ...
,,Das ist in der Nacht. Ich liege im Bett. Da hat mich die Mutti so früh ins Bett geschickt. Und da wollt ich nicht schlafen. Dann hab ich weinen müssen. Dann ist der Papi gekommen und hat mich getröstet. Und dann hab ich mich hineingelegt und bin eingeschlafen."

35.3: Tonbandprotokoll (Junge, 6 J.)
Traum
,,Da bin ich im Bett und schlafe. Da tickt es auf einmal von der Heizung. Da tickt's, und ich erschrecke. Und da hab ich mich so richtig gefürchtet."

35.4: Tonbandprotokoll (Mädchen, 6 J.)
Traum
,,Da schlafe ich, dann hab ich geträumt, daß das Gespenst kommt, daß das lieb ist und daß es mich dann aufgeweckt hat, daß es dann Spiele mit mir gemacht hat: ,Mensch ärgere dich nicht'. ,Fang den Hut'. Das Gespenst war bunt und ganz verschmiert. Das hat sich angemalt.
Dann ist es früh geworden. Dann ist das Gespenst wieder gegangen. Ich war nicht müde."

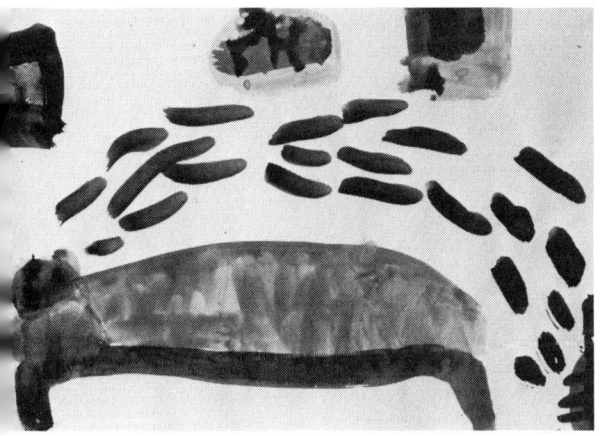

Reißnägeln anstecken. Es ist für den Erzieher sehr interessant, den Wandel der beliebten Bildinhalte zu verfolgen. Die Bildertafel wird auch beim heranwachsenden Kind und beim Jugendlichen stets gefüllt sein. Selbstverständlich ist eine solche ständige Ausstellung auch für Kindergarten und Klassenzimmer sehr zu empfehlen.

Kinder und Kunstwerk

Kinder lieben Bilder. Was liegt näher, als ihnen auch Werke aus der Kunstgeschichte zu zeigen. Dabei werden Begriffe wie ,,Kunstwerk", ,,Stil", ,,Künstler" ... keinerlei Rolle spielen. Wer mit seinen Kindern sehr früh beginnt, Werke der Bildenden Kunst zu betrachten, legt den Grund für ein späteres reiches Kunstverständnis und lehrt das Kind das Schauen und Betrachten, das Beobachten, aber auch das Fragen vor den Bildern. Es können Bezüge hergestellt, Überlegungen angestellt werden. Es kann kombiniert und entsprechend ,,geschlossen" werden. Solche Bilder und Bildbetrachtungen, es können ja auch Häuser, Plätze, Kirchen usw. sein, sind dann oft Anstoß, selbst zu gestalten, in seiner eigenen Bildsprache diesen Inhalt noch einmal zu schildern. Das wiederum ist für den Erwachsenen ausnehmend interessant. Was hat das Kind in welcher Weise auf dem Bild oder Bauwerk beeindruckt? Am besten eignen sich Bilder mit erzählendem Inhalt, auf denen man eine Geschichte ablesen kann. Oft wird es vorkommen, daß die Kinder selbst darauf stoßen. Man muß sich Zeit nehmen und darüber sprechen. Man kann den ,,Kunstgenuß" aber auch vorbereiten: Mama erzählt den Kindern vom Schlaraffenland. Da gibt es alle Lieblingsspeisen. Man braucht nichts zu tun, alles fliegt einem in den Mund, da gibt es ... Immer wieder schwelgt man in den Vorstellungen vom Schlaraffenland.

Eines Tages ist es soweit: Es hängt Breughels Darstellung vom Schlaraffenland an der Bildertafel. Sie wird als etwas Selbstverständliches aufgenommen, die Einzelheiten erklären sich fast von selbst. Ich habe inzwischen aber auch viele Versuche durchgeführt mit Bildern, von denen man auf Anhieb sagen würde, sie seien nicht ,,kindgemäß". Sie erschließen sich schwer. Ich habe immer wieder festgestellt, daß dieses schwere Sich-Erschließen meist eine Meinung der Erwachsenen ist. Die Kinder helfen uns oft dabei, auch modernste Kunst angemessen zu interpretieren und zu verstehen.

Kunstbetrachtung in den ersten Schuljahren

Das Gesagte gilt in verstärktem Maße für die Schule. Mindestens einmal im Monat sollte eine eingehende Kunstbetrachtung stattfinden. Sie kann im Gesamtunterricht erfolgen und bei entsprechender Durchführung zu einem kleinen schulischen Höhepunkt werden. Durch vorsichtiges Fragen führt man die Augen der kleinen Kunstbetrachter und bringt den Bildinhalt zu Bewußtsein. Nie darf dabei vergessen werden, daß es um *Grundlagen* des Kunsterlebens geht, nicht um einen Lernanlaß im Sinne der Wissensvermittlung. Manchmal ist es auch möglich, nach der Kunstbetrachtung das gleiche Thema zu malen. Die Kinder

36 *Selbstbildnisse*

Diese Selbstbildnisse stammen von sechsjährigen Kindern, etwa drei Monate vor dem Schuleintritt. Sie haben eine individuelle Form gefunden, sich selbst darzustellen. Wer mit den Kindern arbeitete, konnte sie auf Grund des persönlichen Stils, der Farb- und Formvorlieben auch ohne Unterschrift identifizieren.

formen das erfahrene Bildnerische um; die Ergebnisse sind oft köstlich. Da das Kunstwerk erlebnismäßig interpretiert wurde, finden die Kinder ihre eigene Sprache und übernehmen vom Werk nur die Anregung. Auf dieser neuen bildnerischen Basis sind sie aber sehr wohl in der Lage, noch viel über das eigentliche Kunstwerk zu erzählen.

Die kleinen Museumsratten

Manche Eltern führen ihre Kinder von klein auf ins Museum. Das wird sich nicht an jedem Ort anbieten, doch Gelegenheiten sollte man nützen – nicht nur, wenn man das Reisetagebuch um einige reizende Episoden erweitern möchte. Natürlich gilt auch hier besonders das Gebot einer taktvollen und behutsamen Führung. Die Kinder dürfen nicht überzogen werden! Es werden nur einige wenige Bilder oder Objekte betrachtet. Das nächste Mal mehr. Auf diese Bilder kann das Kind auch vorbereitet werden (ähnlich wie vorher beim Thema Schlaraffenland). Man kann sich auch einmal von einem Kind führen lassen zu Bildern, die ihm besonders gut gefallen. Alle Versuche in dieser Richtung – es sind nun schon sehr viele – brachten beglückende Erlebnisse für die Erwachsenen und die Kinder. Schon das Museum selbst ist ein Thema, das Kinder sehr interessiert. Ein Haus, in dem so viele Kunstobjekte sind, in dem Aufsichtspersonal einen immer beobachtet, in dem die Fenster so merkwürdig angebracht sind, in dem es Klimaanlagen und Alarmanlagen gibt usw. Was steckt da eigentlich alles dahinter?
Besonders dankbar sind Heimatmuseen, Stätten, in denen man Einblick bekommen kann in die Lebenswelt auch früherer Zeiten. Wenn so etwas am Ort nicht zu haben ist, so kennt man bestimmt Freunde, die ein paar interessante Objekte besitzen, die man besichtigen kann, oder man besucht eine Kirche, das Rathaus usw. Wer ein Museum oder etwas Vergleichbares finden will, der findet es mit Sicherheit.

Kunst im Urlaub

Es scheint vielleicht etwas abwegig, in einem Buch über das Zeichnen und Malen der Kinder dieses Alters eine kurze Betrachtung über Kind und Museum aufzunehmen. Zur Verteidigung sei gesagt, daß wir unseren Kindern ruhig viel mehr zutrauen dürfen, als wir das gemeinhin tun. Ein weiterer Grund war die Überlegung, daß heute viele Familien mit ihren Kindern oft weite Urlaubsreisen unternehmen, auf denen viele Dinge besichtigt werden. Wenn die Eltern sich Zeit nehmen und wenigstens eine Besichtigung wirklich kindgemäß durchführen, so kann das für das Kind ein echtes, zukunftsweisendes Erlebnis werden. Zudem erfährt es wieder einmal, daß seine Eltern es voll anerkennen und daß seine Meinung etwas gilt.
Wachskreiden und Block gehören übrigens zum obligatorischen Reisegepäck ...

37 *Malen mit Schminkkreiden*

Wir unterhielten uns über das Schminken. Eine Abbildung von Gesichtern, auf die ein Maler sogar Landschaften geschminkt hatte, gefiel den Kindern besonders. Zunächst stellten wir die Stühle auf die Tische und auf die Stühle wiederum große Spiegel, die wir in den Waschräumen „eingesammelt" hatten. Die Kinder zeichneten ihr Gesicht auf den Spiegel und bemalten es (1). Bald aber gab es Übergriffe (2). Auch das eigene Gesicht wurde verändert. Mit großem Ernst und Spaß beobachteten die Kinder die Verwandlung ihres Gesichtes. Beim Abschminken hatten wir dann alle Hände voll zu tun ...

An einem Beispiel sei geschildert, wie eine Urlaubsreise auch vom Kind her sorgfältig vorbereitet werden kann.

Geplant war eine Reise nach Venedig. Es gibt wohl keine Stadt, die in einer ähnlich intensiven Weise der Traum-, Vorstellungs- und Wunschwelt von Kindern entspricht. Und so wurde Venedig von den Eltern für das Kind vor der Reise in viele „Gute-Nacht-Geschichten" zerlegt. Es wurde erzählt von einer Stadt, in der es keine Autos und kaum Straßen gibt, in der zwischen den Häusern das Wasser fließt und man von einer Haustür zur anderen mit dem Boot fahren muß, von den Hunderten von Brücken, von San Marco mit dem vielen Gold, von den beiden Mohren, die auf die Glocke über dem Uhrturm schlagen, von den Löwen aus Stein und den vielen Katzen, von den Glasbläsern in Murano und den Stickereien in Burano, von den vielen Gondeln, Booten, Schiffen usw. Man braucht nur einen Bildband über Venedig aufzuschlagen, schon hat man eine Fülle von Geschichten, die man erzählen kann. Es sind alles Geschichten, die Kinder faszinieren. In der zweiten Stufe bekam das Kind einen Bildband über Venedig geschenkt. Es war sein liebstes Bilderbuch, weil es ja die Illustrationen lieferte zu den vielen Geschichten, die es schon gehört hatte und bereits kannte. Das Buch seinerseits provozierte wieder eine Vielfalt von Fragen, auf die die Erwachsenen selbst noch nicht gekommen waren.

In vorsichtigen Versuchen wurde das Kind auch an die Tatsache herangeführt, daß es andere Sprachen gibt. „Buon giorno, buona notte, prego, grazie ..." Groß war der Wortschatz nicht, aber er führte zu einem anderen Bewußtsein.

Die Reise selbst war ein großes Erlebnis für das Kind und die Eltern, denn für das Kind waren die Geschichten Wirklichkeit geworden, und den Eltern half das Kind, genauso staunend die Stadt wiederzuerleben, wie Kinder eben beobachten, und das ist sicherlich genau die Haltung, die Venedig angemessen ist.

So ähnlich können aber auch andere Reisen vorbereitet werden. Die Erwachsenen, die in dem Fall den Rhythmus und die Sehweise der Kinder aufnehmen können, werden sicher einen erholsameren Urlaub hinter sich bringen, als wenn sie die Kinder ihrem Tempo anpassen und sie durch Besichtigungstouren hindurchschleppen.

38 Kunstbetrachtung (Japan)

Ein Beispiel als Ausgangspunkt für Zeichnen und Malen
Wir hatten das große Glück, daß uns im Kindergarten Herr Jiri Kondo aus Tokio besuchte. Er spricht sehr gut Deutsch, so konnte er den Kindern sein Heimatland auf dem Globus genau zeigen und darüber erzählen.

Wir betrachteten verschiedene japanische Pinselzeichnungen, wobei die Kinder sehr bald sahen, daß es auf den Pinseldruck ankam, wollte man solche Blätter selbst malen. Herr Kondo erklärte, wie man Tusche anreibt und mit dem spitzen Pinsel schreiben kann. Die Kinder sind fasziniert und versuchen dann selbst, Tusche zu reiben. Mit äußerster Konzentration führen sie anschließend den Pinsel. Das Ergebnis war ein kleines Buch mit Pinselzeichnungen. Nicht zuletzt auch aufgrund ihrer eigenen schönen Ergebnisse und Erfahrungen begeisterten sich die Kinder an den japanischen Meisterwerken.

Nach diesem Modell kann man sich von vielen Kunstwerken oder gestalteten Objekten Anregung holen, selbst gestalten und auf dieser Basis noch einmal zum Ausgangspunkt zurückkehren.

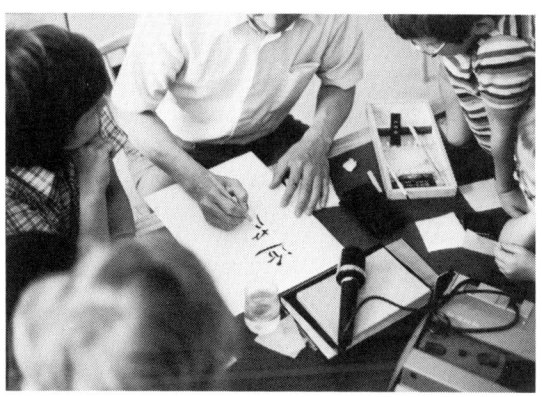

„Nimm den Pinsel in die Hand ..."

Zeichnen und Malen für Kinder und mit Kindern: Davon handelte dieses Buch. Wer bis hierher gefolgt ist, wird feststellen, welche Bereiche den Eltern und Erziehern offenstehen und was die schöpferische Betätigung für das Kind bedeuten kann. Von der Entspannung und der Abreaktion über das Lernen und Verstehen von Sinnzusammenhängen bis hin zum Finden der eigenen Person und des nötigen Selbstvertrauens reichen die Möglichkeiten, die das Zeichnen und Malen eröffnet. Dem Erzieher liefern die Werke der Kinder wertvolle Ansätze, sie zu verstehen und sich pädagogisch richtig zu verhalten.

Und schließlich macht es allen – groß und klein – einen Riesenspaß. Und das ist nicht das Unwesentlichste. Natürlich ist Zeichnen und Malen nur ein Teilbereich des Schöpferischen in diesem Alter. Das Singen und Spielen, das Handpuppenspiel gehören genauso dazu wie die Bewegung, der Umgang mit den verschiedenen Materialien, das Bauen, das Kneten, der erste Umgang mit Werkzeugen ...

Manche Anregungen mag der Leser in dem Buch des gleichen Autors „Kunst in der Kniebeuge" finden, das diesen Band im Sinne einer gesamten ästhetischen Elementarerziehung ergänzt.

Wir Erwachsene fühlen uns heute oft so unsicher und unwohl, weil wir zu wenig sinnenhafte Erlebnisse haben, weil wir zu wenig direkte Erfahrungen mit unserer Umwelt machen, weil uns das allzu Begriffliche zu stark isoliert. Man muß die Dinge wieder *machen*. Oft führt der Weg vom Greifen über das Begreifen zum Begriff, der in diesem Fall nicht mehr so abstrakt, d. h. „abgezogen" ist. Doch genug der Theorie.

Rembrandt sagte: „Nimm den Pinsel in die Hand und fange an!" Man besorge viel Material und gebe den Kindern genügend innere und äußere Freiheit, schöpferisch zu sein. Man sollte einmal einen Farbtopf umkippen. Sei's drum! Die natürliche Entwicklung und Förderung des Kindes ist es wert. Uns geht es doch allen um das Kind? Wenn wir einmal verstanden haben, daß ein Kind, das voll Farbe ist, „farbig" und nicht „schmutzig" ist, kann es schon nicht mehr ganz schief gehen ...

39 *Flugzeug*

Ähnlich wie beim „Omnibus" berieten die Kinder auch bei dieser Gemeinschaftsarbeit über die Form des Flugzeugs. Zugrunde lag eine Postkarte der „Lufthansa". Nach den ersten Zeichnungen ging es ans Malen (1), wobei gut zusammenarbeitende Teams entstanden (2). Allmählich nimmt der Rumpf Gestalt an (3). Die Figuren werden in die Fenster gemalt, und die Flügel entstehen (4, 5). Schließlich „startet" die große Maschine. Das gab zunächst einige Probleme (Befestigung an der Decke); aber auch die waren zu lösen.

 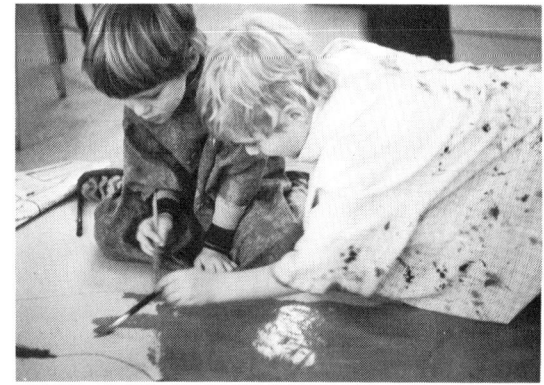

Kurzbibliographie

Aissen-Crewett, Meike: Kinderzeichnungen verstehen. Von der Kritzelphase bis zum Grundschulalter. München 1988

Avé-Lallemant, Ursula: Kinder zeichnen ihre Eltern. Freiburg 1976

Bareis, Alfred: Vom Kritzeln zum Zeichnen und Malen. Donauwörth 1972

Bono, Edward de: Kinderlogik löst Probleme. Bern, München, Wien 1972

Brem-Gräser, Luitgard: Familie in Tieren. Die Familiensituation im Spiegel der Kinderzeichnungen. München, Basel 1967

Britisch, Gustav: Theorie d. bildenden Kunst. Ratingen 1952[3]

Cherry, Claire: Erstes Malen und Gestalten mit Kindern von 2 bis 6 Jahren. Ravensburg 1979

Ebert, Wilhelm: Zum bildnerischen Verhalten des Kindes im Vor- und Grundschulalter. Ratingen 1967

Egen, Horst: Kinderzeichnungen und Umwelt. Bonn 1977[2]

Eichmeier, Joseph/Höfer, Oskar: Endogene Bildmuster. München 1974

Grözinger, Wolfgang: Kinder kritzeln, zeichnen, malen. München 1970[4]

Herrmann, Hans: Zeichnen fürs Leben. Ratingen 1963[3]

Hinkel, Hermann: Wie betrachten Kinder Bilder? Untersuchungen und Vorschläge zur Bildbetrachtung. Gießen 1972

Immisch, Hildegard: Malen – Hilfe für Kinder. Stuttgart 1975

Iten, Andreas: Die Sonne in der Kinderzeichnung und ihre psychologische Bedeutung. Zug 1974

Kaminski, Helga/Spellenberg, Annelore: Bildnerei als Lernhilfe mit Geistigbehinderten. Stuttgart 1975

Kampmann, Lothar: Grundkurs Kunstunterricht. Orientierungshilfe für die ersten Grundschuljahre. Ravensburg 1974

Kläger, Max: Das Bild und die Welt des Kindes. Ein monografischer Bericht über die Bilder zweier Kinder vom 2. bis 14. Lebensjahr. München 1974

ders.: Malen und Zeichnen. Reihe: Die Kindertagesstätte, hrsg. v. J. Hederer, München 1992

ders.: Jane C. – Symbolisches Denken in Bildern und Sprache. Das Werk eines Mädchens mit Down-Syndrom in Le Fil d'Ariane. München 1978

Koch, Karl: Der Baumtest. Der Baumzeichenversuch als psychodiagnostisches Hilfsmittel. Bern, Stuttgart, Wien 1972

Koppitz, Elizabeth M.: Die Menschendarstellung in den Kinderzeichnungen und ihre physikalische Auswertung. Stuttgart 1972

Kornmann, Egon: Über die Gesetzmäßigkeit und den Wert der Kinderzeichnung, Kastellaun 1970[8]

Kowalski, Klaus: ... fertig ist das Mondgesicht. Stuttgart 1976[2]

Kramer, Edith: Kunst als Therapie mit Kindern. München, Basel 1975

Lindsay, Zaidee: Bildnerisches Gestalten mit behinderten Kindern, München 1973

Löscher, Wolfgang: Kritzeln – schwingen – spuren. Freising 1979[2]

ders. (Hrsg.): Sand und Wasser. München 1989[3]

ders. (Hrsg.): Vom Sinn der Sinne. München 1993

ders./Naumann, Margot: Schwingen und Spuren. Freising 1976[2]

Longardt, Wolfgang: Freie Bahn für Phantasie, Freiburg 1979

Lowenfeld, Viktor: Vom Wesen schöpferissen Gestaltens. Frankfurt 1960

Meili-Dworetzki, Gertrud: Das Bild des Menschen in der Vorstellung und Darstellung des Kleinkindes. Beiheft zur schweizerischen Zeitschrift für Psychologie und ihre Anwendung Nr. 30. Bern, Stuttgart 1957

Meyers, Hans: Kind und bildnerisches Gestalten. München 1968

Mühle, Günter: Entwicklungspsychologie des zeichnerischen Gestaltens. Berlin, Heidelberg, New York, Wien 1975[4]

Nickel, Horst: Die visuelle Wahrnehmung im Kindergarten- und Einschulungsalter. Bern, Stuttgart 1967

Pertler Cordula: Kinder erleben große Maler. Modelle für Erzieher, Lehrer und Eltern. München 1992

Rabenstein, Rainer: Kinderzeichnung, Schulleistung und seelische Entwicklung. Bonn 1972[3]

Richter, Hans Günther: Anfang und Entwicklung der zeichnerischen Symbolik, Kastellaun 1976

Schetty, Sylvia: Kinderzeichnungen. Eine entwicklungspsychologische Untersuchung. Zürich 1974

Schuster, Martin / Beisl, Horst: Kunstpsychologie. Köln 1978

Seitz, Rudolf: Ästhetische Elementarbildung. Ein Beitrag zur Kreativitätserziehung. Donauwörth 1974

ders.: Kunst in der Kniebeuge. Ästhetische Elementarerziehung. Beispiele, Anregungen, Überlegungen. München 1990[6]

ders.: SEH-Spiele. Sinn-volle Frühpädagogik. München 1992[4]

ders.: Was hast du denn da gemalt? Wie Kinder zeichnen und was Eltern, Erzieherinnen und Lehrkräfte dafür tun können. München 1995

ders. u. Summerer, Heinz (Hrsg.): Kann man Gott malen? Schöpferische Glaubenserfahrung im Kindergarten. München 1986[3]

Staudte, Adelheid: Ästhetisches Verhalten von Vorschulkindern. Eine empirische Untersuchung zur Ausgangslage für ästhetische Erziehung. Weinheim, Basel 1977

Wildlöscher Daniel: Was eine Kinderzeichnung verrät. Methode und Beispiele psychoanalytischer Deutung. München 1974

Winnicott, Donald W.: Vom Spiel zur Kreativität. Stuttgart 1973

Verzeichnis der Bildthemen